成为优秀的商业讲师

崔宏民 魏高原 李华琳 ◎ 著

台海出版社

图书在版编目（CIP）数据

成为优秀的商业讲师 / 崔宏民，魏高原，李华琳著. -- 北京：台海出版社，2025.1. -- ISBN 978-7-5168-4073-3

I. F272.921

中国国家版本馆 CIP 数据核字第 2024VP9107 号

成为优秀的商业讲师

著　　者：崔宏民　魏高原　李华琳

责任编辑：王慧敏　　　　　封面设计：新艺书文化

出版发行：台海出版社
地　　址：北京市东城区景山东街 20 号　邮政编码：100009
电　　话：010-64041652（发行，邮购）
传　　真：010-84045799（总编室）
网　　址：www.taimeng.org.cn/thcbs/default.htm
E-mail：thcbs@126.com

经　　销：全国各地新华书店
印　　刷：文畅阁印刷有限公司

本书如有破损、缺页、装订错误，请与本社联系调换

开　　本：880 毫米 ×1230 毫米　1/16
字　　数：208 千字　　　　　印　张：16.5
版　　次：2025 年 1 月第 1 版　　印　次：2025 年 2 月第 1 次印刷
书　　号：ISBN 978-7-5168-4073-3

定　　价：88.00 元

版权所有　翻印必究

前言

我进入培训行业的时间很早，对这一行算是比较熟悉的。我在大学时学的是经济管理，毕业时有三个选择：第一个选择是去老家新开的物业公司做相关管理职务，这算是和我所学的专业对口的工作；第二个选择是去中国联通做客服工作，因为我上学时曾在联通做过兼职，所以毕业时就有机会直接转为正式员工；第三个选择，对我来说也是最有挑战的选择，就是去东南沿海的一家专门做企业培训管理的公司工作。

面对这三个选择我并没有太犹豫，直接选择了那家做企业培训管理的公司。因为我之前读过这家公司老板写的两本书，深有感触，当时就下定决心一定要去这家公司工作，一定要在培训行业做出成绩来。这两本帮助我迈进培训行业大门的书，一本讲品质管理，一本讲生产管理。不同于之前培训行业里常见的大部头书籍，这两本书都短小精悍，非常方便随身携带阅读，因此在东南沿海一带的企业中风靡一时。

事实证明，我的选择是正确的。在这家公司的工作经历，成为我在培训行业中飞速成长的重要助推力，也让我学到了下面两句话：**做好了才叫做；看目标伤口不痛，看伤口目标模糊。**第一句话强调的是要保证自己做事的品质，只要做事，就要努力把事情做到最好，不能糊弄。第二句话说的是人要有强烈的目标感，如果没有确定的目标，那么人的主观能动性就不能被充分调动起来，做事情时就容易缺乏动力，一遇到困难马上就会想到退缩。

虽然我很喜欢在这家公司工作，但为了照顾家里的老人，我还是决定辞职回到北方，在离老家不远的北京找了份新的工作，依然做的是与企业培训相关的内容，如制作培训光盘、召集私董会等。在做培训工作的过程中我发现，企业对培训变得越来越重视了，希望提供给员工更加专业的培训课程，对于培训的需求也逐渐增多，讲师经纪公司也是从这时开始走上了快车道。我也乘着这股东风，创办了"先闻道"，正式开始做讲师经纪公司。

随着培训行业的飞速发展，最近几年想当商业讲师的人越来越多，其中有很多人也像我当年一样，缺乏培训的相关经验和方法，对自己是否能当好商业讲师顾虑颇多。我在这里讲自己的故事，也是希望能激励大家。如果你想做商业讲师，那么看完本书就可以马上行动起来。

崔宏民

目录

第一章 对商业讲师的重新定义

了解商业讲师的价值主张和定义　　// 003

打造商业讲师的 PTB 能力体系　　// 004
专业能力　　// 005
教学能力　　// 009
商业能力　　// 010

做商业讲师的收获　　// 013

商业讲师和其他培训老师的区别　　// 017
商业讲师与内训师的区别　　// 017
商业讲师与教练的区别　　// 018
商业讲师与演讲者的区别　　// 018
商业讲师与专家的区别　　// 019

第二章　商业讲师的商业化之路如何开启

什么是商业讲师的商业化　// 025
　　简析企业培训行业发展历程　// 026
　　解读企业培训产业链　// 030

商业讲师通关基础课：三力模型　// 033
　　产品力　// 034
　　品牌力　// 036
　　销售力　// 039
　　如何用三力模型准确评估自己的能力　// 044

商业讲师成长九阶段　// 045

顺应市场，成为高商业化的商业讲师　// 055
　　商业讲师如何顺应市场　// 055
　　成为高商业化讲师必备的五大特质　// 057

第三章　优秀商业讲师应具备的素养及遇到的挑战

优秀商业讲师不能缺少的能力——五星模型　// 061
　　状态　// 062
　　动机　// 063
　　学习能力　// 065
　　专业能力　// 067
　　价值观　// 067

如何考察商业讲师授课素养　// 069
　　需求转化率　// 069

课程出彩率　// 071
机构返聘率　// 071

商业讲师满意度不高的四大原因及解决方法　// 072
不聚焦　// 072
讲不透　// 073
没内容　// 074
情商低　// 075

阻碍商业讲师发展的三个"大坑"　// 076
心力不足　// 077
合作瓶颈　// 078
专业陷阱　// 080

第四章　产品力——商业讲师如何打造爆品课程

产品力的五大关键　// 085
产品内涵：产品力三大内容缺一不可　// 086
产品价值：产品对客户有价值，客户才会购买　// 089
产品矩阵：丰富产品矩阵，赢利突破再突破　// 095
产品创新：创新有规律可循　// 102
产品市场：找对了市场，才是对的产品　// 106

如何设计出一门好的商业课程　// 109
课程设计的四个步骤　// 109
什么是好课程　// 111
商业课程的分类　// 114
如何设计课题和内容　// 115

商业讲师课程商业化十步走　// 119
授课风格商业化　// 119
主讲课题商业化　// 122
课程大纲商业化　// 128
课程标题商业化　// 133
课程背景商业化　// 136
课程收益商业化　// 138
课程特色商业化　// 140
课程对象商业化　// 141
课程时间商业化　// 142
整体排版商业化　// 144

第五章　品牌力——找准定位，提升商业讲师的品牌魅力

找准品牌定位　// 147
品牌定位的三种方法　// 147
个人商业定位梳理　// 151
填写定位萃取表　// 154
个人品牌头衔商业化　// 158

扩大品牌传播能力　// 162
抓住品牌传播的机会　// 162
依靠什么进军目标市场　// 165
做好定位是前提　// 166

提升个人品牌势能　// 167
提升品牌势能的三个关键点　// 167
利用讲师能量谱　// 170
自我迭代和提升　// 172

目录

第六章 销售力——撬动培训市场，成为受欢迎的商业讲师

商业讲师如何快速建立市场认知 // 177
找到进入市场的切入点 // 177
对于定位市场的选择 // 179

好的商业营销资料是寻找客户的敲门砖 // 182
商业资料的两大核心难点 // 184
新老师如何赢得客户信任 // 188
商业讲师产品具有特殊性 // 189
客户选择新老师的决策流程 // 190
促进定课的影响因素 // 192
客户购买课程的完整流程 // 193

商业讲师营销资料有哪些 // 196
商业讲师营销资料九件套 // 196
对外核心营销资料 // 197
个人简介：个人优势手册 // 201

如何打造撬动市场的营销资料 // 208
个人简介优化：快速获得客户认可 // 209
课程大纲优化：快速获取市场机会点 // 215
商业视频优化：让客户相信"我能讲好" // 226

如何让销售员更好地了解自己，将自己快速推向市场 // 230
销售伙伴了解你，才会推销你 // 230
销售手册：快速让销售伙伴"懂"你 // 231

这些事和销售员做好配合 // 242
客户服务商业化优化 // 242

V

学员评价商业化优化　　// 245

精彩瞬间商业化优化　　// 247

后记　商业讲师的未来发展与前景展望　//251

第一章
对商业讲师的重新定义

- 了解商业讲师的价值主张和定义
- 打造商业讲师的 PTB 能力体系
- 做商业讲师的收获
- 商业讲师和其他培训老师的区别

第一章 | 对商业讲师的重新定义

了解商业讲师的价值主张和定义

我认识很多想做商业讲师的人，他们虽然看到了培训行业蕴藏的巨大商机，急切地想要加入进来，但其实对商业讲师的概念完全不了解，天真地认为凭着自己拥有的原行业知识，就能成功当上商业讲师。但是现实往往会给他们当头一棒，他们的商业讲师之路大多也会以失败告终。

如果你有了当商业讲师的念头，记住千万不要冲动，而是要先了解一下商业讲师的价值主张和定义（见图1-1）。

> ⊙ 价值主张：
> 推动企业发展和创新的重要力量
>
> ⊙ 定义：
> 商业讲师是通过改变一群人，解决某些特定问题，最终成就自己的人

图1-1 商业讲师的价值主张和定义

商业讲师的价值主张与被培训的企业密切相关，即通过商业讲师所讲的课程，有效推动企业向前发展，并由此成为企业创新的重要力量。

目前对于商业讲师的定义还没有统一的说法，按照我的理解，**商业讲师就是通过专业化的课程，改变企业员工的思想和认知，激发他们的工作动力，以此解决企业的某些特定问题，最终帮助企业渡过难关、收获成功的人**。当然，商业讲师不光能成就企业，同时也能成就自己，获得很多成就感和满足感。

打造商业讲师的 PTB 能力体系

有的人说，商业讲师的主要任务是帮助企业解决实际问题。企业在发展过程中会出现很多问题，比如战略问题、经营问题等，进而发现员工在执行力、领导力等方面需要提升，这时企业就会请专业的培训老师过来，帮助解决员工出现的问题，提升员工的工作能力。还有的人说，商业讲师的主要任务是把行业内最新的理论和方法传授给员工。比如，某些国企会定期进行培训，根据国际经济形势变化及时更新员工的认知，并告诉员工在面对这些变化时具体应该怎么做。

因为服务的企业不同，所以不同的人对商业讲师的任务有类似上面两种不同的看法。在我看来，**商业讲师的主要任务是"传道授业解惑"**。这话虽然理解起来不难，但是要真正做到其实不容易，需要商业讲师具有很强的综合能力。根据我的总结，商业讲师的综合能力大体可以分为三类，分别是专业能力、教学能力和商业能力。这三类能力共同构成了商业讲师的 PTB 能力体系（见图 1-2）。

第一章 | 对商业讲师的重新定义

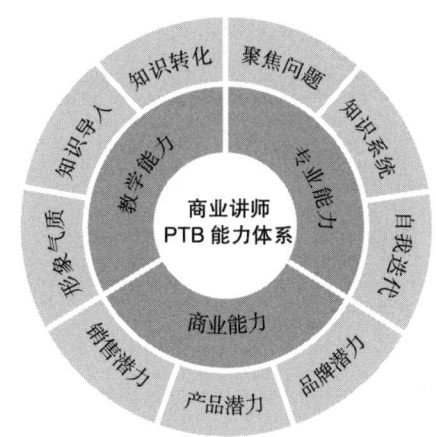

图 1-2 商业讲师的 PTB 能力体系组成元素

专业能力

企业请商业讲师讲课，最重要的目的肯定是想知道解决问题的思路和方法。所以，商业讲师不是给出大致方案就算完事了，还要让企业员工能够根据你提供的方案解决实际问题。如果商业讲师的专业能力不强，不仅会让人听得一头雾水，而且也不能把知识有效地传递给企业的员工。

对商业讲师专业能力的评判一般从以下几个方面进行：**第一，专业背景能力。第二，经验总结能力。第三，快速解决问题能力。**商业讲师不仅要具备这几种能力，还要能够把这些能力进行互通。

举个例子，有个老师之前是阿里巴巴的铁军带头人之一，他带领团队打过很多胜仗，积累了丰富的经验，之后他对这些经验进行了系统的梳理和总结，形成了独属于自己的内容。这段工作经历就成了他打造自己专业能力的基础，他当商业讲师后，果然取得了成功。与之相反的是另一个老师，他在原公司时也带领团队打了很多胜仗，但是当上商业讲师后，他突然开始打败仗了，因为他并没有对自己的经验进行提炼，导致他的方法对其他公司并不奏效。这就说明他的专业能力是受到特定环境限制的，而且几种能力之间并没有达到共通。

所以，商业讲师需要对自己的专业能力有更加全面的认识，懂得及时总结经验，能够快速找到解决问题的方法。这样就不会盲目自信，也能把自己的专业能力顺利转化成对企业有用的课程内容。

下面，我给大家介绍一个能够系统判断你的专业能力的方法论体系。这个方法论体系分成五步，为了方便大家理解，我以一个老中医的例子进行交互说明（见图1-3）。

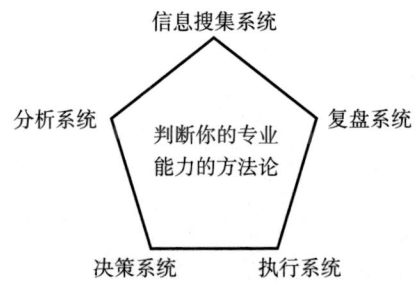

图1-3 判断商业讲师专业能力的方法论

我认识一个老中医，他的医术非常高，经过望闻问切等一系列的操作，就能把病因比较准确地找出来，之后通过和病人进一步沟通交流，就能给出一份合适病人的治疗方案。因为老中医已经琢磨出了一套比较成熟的方法论体系，所以按照这个理论体系进行治疗，病人就能收到比较好的治疗效果。他的方法论体系的具体内容是：

首先，老中医有一套信息搜集系统。等病人进屋后，他会先用望闻问切的方法搜集病人的病情信息。其中，"问"属于主观内容，而"望、闻、切"都属于客观内容。我们在搜集信息时，要以搜集客观内容为主，对主观内容要用辩证的眼光对待，不能全部照收。

老中医在做"问"这个步骤时，发现了一个有意思的现象：在他询问病情时，病人喜欢和他"斗智斗勇"。比如，他问病人具体哪里痛，病人会说头疼、脖子疼、哪里都疼。再比如，他问病人："你觉得自己最近吃饭正常吗？"病人一般会说"挺正常的"，但是因为每个人对"正常吃饭"的标准不同，所以这只是病人自己认为的标准，不能直接当作正确的信息使用，还需要参考各种客观数据才能下最终的结论。甚至有的病人因为不清楚自己的病情，会提供给医生错误的信息，这就造成双方信息的不对等。为了避免出现这种信息差，老中医就会运用"望、闻、切"的方法对病人说过的话进行核实。这样综合各种主客观信息后，老中医就能搜集到比较准确的病情信息。

目前，在培训行业里搜集客观信息比较难，一般企业会把这些信息当作商业机密，严禁外泄。那么，在商业讲师收到企业提出的问题后，应该如何搜集客观信息呢？这里给大家提供一个简单易学的方法，就是利用该行业内部专业媒体发布的消息，从中提取与该企业相关的数据信息。通过这种方法，你就能比较全面地了解该企业目前亟待解决的问题，抓住该企业的"病根"。

其次，老中医有一套分析系统。老中医根据自己多年的行医经验，以及学到的各种中医知识，结合病人的主客观信息，就能对病人的病症进行比较系统的分析。商业讲师的分析系统也是如此，无论是人力资源方面的讲师，还是营销、执行力方面的讲师，都有一套属于自己的比较稳定的分析系统。通过这套分析系统，商业讲师可以对企业提出的问题有比较准确的把握和理解，能够进行系统的分析。

再次，老中医有一套决策系统。在分析完病症后，老中医就要做决策了，即判定病人的病症到底是什么，以及后续解决的方向和思路是什么。商业讲师也是如此，要对企业出现的问题给出清晰的解决思路，指导企业具体从哪些方面进行修改和调整。

从次，老中医有一套执行系统。明确了病人的病症后，老中医就要给病人开单子，对症下药，帮助病人把病治好。比如，老中医分析这个病人是因为上火引起的热伤风，就会给这个病人开一些有去火功效的药，病人吃完后病症就能得到减轻。这就是老中医的执行系统发挥的作用。商业讲师也要根据得出的决策结果，为企业开出合适的"药"，这样才算是做完了具体的执行工作。你要记住，千万不能只有决策，没有执行，要保证决策和执行的有机统一。

最后，老中医有一套复盘系统。每次看过病人后，老中医都会把病人的病症信息和开药处方保留下来，等病人来复查时，老中医会观察他用药的效果，再根据他目前的恢复情况进行适当调整。商业讲师也要有自己的复盘系统，针对某次企业培训的培训目标、达成效果等做全面的梳理和总结，同时还要与时俱进，不能困在以往的成功经验中，要及时调整培训的方法和内容，积累更多相关的经验和方法。

复盘系统对商业讲师来说非常重要，想要得到更准确的结果，就要多进行实践活动，积累经验。比如，有一个老师经常和从事数字化转型的人打交道，教的也都是和数字化相关的课程。经过一段时间的积累，他得到了大量的专业经验，进行复盘总结时能够用到的案例和方法也变得更丰富，这样复盘的效果也会更好。

上面描述的就是一套完整的方法论体系。现在，让我们思考这样一个问题：为什么有些商业讲师的课程只对某家公司有用，而对其他公司无效呢？

答案已经很明显了，因为这些老师没有按照上面的方法论体系做事。他们没有找出隐藏在问题背后的规律，只是在凭借自己的经验做事，所以他们的课程不具有普遍性，自然只能对某家或某些特定公司起到作用。

这套方法论体系对商业讲师来说非常重要，你可以对照着上面的内容，把课程进行一遍完整的梳理，看自己是否已经建立起了这套方法论体系。如果你已经建立起来了，那么恭喜你，你可以算是一个专家了。但是，一个专家并不一定能成为一个优秀的商业讲师，比如下面这个案例。

我们合作过一个曾任上市公司 CEO 的商业讲师，他主要做的是人力资源方面的培训。有一次我们给他推荐了一家企业，他事先没有对这家企业做任何调查，就直接过去讲课了。他讲的内容是如何从众多的简历中挑选出最适合企业的那份，这个内容对很多企业都有用，而且他算是这方面的专家，讲起来也是头头是道。可是，在他给这家企业培训完后，得到的评价却特别不好，主要原因就是这家企业的规模不大，收到的简历特别少，他给出的方法大多用不上。这家企业真正需要培训的是什么呢？其实是如何做才能吸引更多优秀的人才投简历到企业，这才是他们真正关心的问题。

所以，商业讲师要把这一整套体系摸透，在加强自己的专业背景能力和经验总结能力的基础上，还要多努力提高自己快速识别问题和解决问题的能力。如果你没有快速识别问题的能力，那么你的授课就只能是自吹自擂的个人表演，对于企业一点实际作用都没有。

教学能力

教学的主要目的是传授知识。商业讲师不能只有专业能力，还要有把专业知识在课堂上讲出来的能力。这样才能把方案中的知识点顺利传递给学员，让他们能够在实践中应用这些内容，并做出相应改变。

很多企业高管、专家和咨询师在转型成商业讲师后，最缺乏的就是教学能力。他们只会把内容一股脑地全扔给学员，而不管学员是否能接住这些内容，是否能真正发生改变。而且，根据我们的观察，越是水平高的老师（比如专家），就越是排斥学习教学方面的技巧。这些老师认为自己的教学思路是最好的，完全不想做任何改变。这种想法本身就是错误的，作为商业讲师，你要有这样的思想觉悟：**一切不以改变为主要目的的教学都是无用功。**

在课堂教学中，商业讲师需要把知识进行导入和转化，让学员更容易理解课程内容，进而主动做出改变。其中，知识导入是一个知识赋能的过程，目的是把老师知道的内容准确传递给不知道内容的学员。知识转化要用到培训中常见的行动学习、教练技术等方法，目的是帮助学员消化课堂内容，把学到的知识转化成自己的能力。

此外，老师的教学能力还体现在课堂教学中。商业讲师要有比较强的把握课堂氛围的能力，不能让课堂一直热着，不停升温；也不能让课堂一直冷着，如入冰窖。商业讲师要让培训课堂有热有冷，既有热烈讨论的时间，也有冷静思考的时间，冷热结合，才能体现出商业讲师高超的教学能力。

商业能力

商业讲师，从名称就可以看出"商业"这个词的重要性，它既被优先列出，同时又占据了一半的比重。商业能力，主要体现在商业讲师如何快速进入市场，并能够在交付商业课程的过程中不断受到客户和机构的认可。

我们公司现在就在做这件事,帮助商业讲师把能力激发出来,实现产品商业化、品牌商业化和销售商业化,最终建立起自己的商业讲师IP地图。从我接触到的商业讲师来看,他们一般都有做个人IP的野心,不安于在某家企业中做事,而是想把自己的课程或产品做成品牌,得到行业、企业和更多人的认可,使自己的商业价值达到最大化,最好能让整个市场都主动推广自己。

商业讲师想要把自己顺利推销出去,就要具备一定的市场战略眼光。比如,有一个老师,他的商业能力就非常强,曾经做到了1000万元左右的年销售额。他是怎么做的呢?在做商业讲师之前,他是某家上市企业的职业经理人,各方面的能力都非常强。他最初的想法是给上市或准上市企业当培训讲师,争取获得他们的股份,实现个人财务自由。但这条路非常难走,首先,需要商业讲师专注于服务一家企业,而且要有足够长的时间陪伴企业成长,才有可能拿到该企业的股份。其次,即使顺利拿到股份,后续商业讲师的主要精力如果没办法放到这家企业,而是派其得力副手或者助理到这家企业讲课,代替他陪伴这家企业成长的话,那么他对这家企业的价值也会大打折扣,很可能会在未来失去这家企业。只有你对企业有切实的价值,企业才会选择你,学员才会认可你。所以,他的这个想法其实风险很大,稍有不慎,就会为他人作嫁衣裳,使自己陷入更大的麻烦。

后来通过我们的劝解,这个老师放弃了这个想法,而是根据我们的建议,到中小微企业讲系统化方面的课程。因为这个老师除了没有接触过财务之外,其他如管理、经营、人事等岗位都做过,而且都做得很好,已经具备了比较强的系统思维,这正是中小微企业急需改善的。再后来，这个老师果然在这个领域打开了知名度，开始频繁地到中小微企业讲课，之后又做了训练营和专业咨询课，也都获得了很好的效果，成功实现了财务自由。

所以，商业能力主要就是看你能不能让个人的价值最大化，这对商业讲师来说非常有意义。想要个人价值最大化，就需要拥有商业化的思维，这主要体现在两个方面。

第一，在自己的能力范围之内定位好目标客户，找出其存在的问题，之后根据目标客户的问题搭配合适的产品（即培训课程），而不是盲目跟风做市场上卖得好的产品，并强行卖给客户。 如果有一个做人力资源课程的商业讲师，让他给一群比他还厉害的人力资源高手讲课，他很难找出这些人存在的问题，那么这就是没价值、没意义的事情。他应该做的是找到有人力资源需求的企业，同时该企业的相关岗位员工能力又不如他，为这样的企业员工讲课。

第二，根据不同的市场环境，做出不同的商业选择，其拥有的价值水平也会相应发生变化。 举个人们常遇到的例子，你去海边城市旅游，可能会发现这样的现象：在海滨浴场买椰子的话，价格一般在15~20元；如果去菜市场或者直接到椰树地里买椰子的话，也就花5~10元。造成这种价格差异的主要原因就是二者所处的市场环境不同。对商业讲师来说也是如此，给熟人讲课的价格和给生人讲课的价格肯定是不一样的，因为给生人讲课的市场环境更复杂，里面的价值含量发生了极大变化，需要我们用商业化的思维来看待和分析这个问题。

商业讲师仅有专业能力、教学能力和商业能力还不行，还必须学会把这三种能力融会贯通、综合运用，这样才能使自己的商业讲师之路走得更顺利。

做商业讲师的收获

前段时间,我接待了几个想做商业讲师的朋友,和他们聊完后我发现,想做商业讲师的人超乎想象的多。而且,不仅是培训行业内部的老师想转行当商业讲师,就连和培训不相干的其他行业大牛也想当商业讲师。所以,我一直在思考如下问题:为什么这些人想当商业讲师呢?当商业讲师有什么好处呢?

和其他类型的培训师相比,做商业讲师确实有更多的好处,比如下面列出的这些内容(见图1-4)。

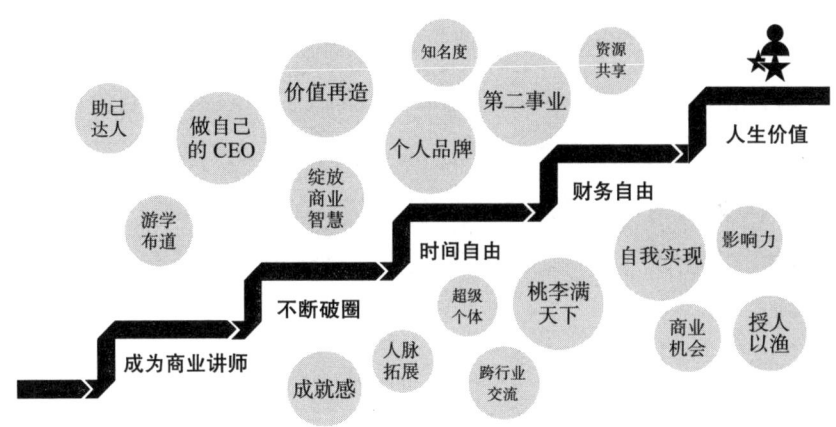

图1-4 做商业讲师的好处

通过和一些商业讲师交谈,我发现他们认为当商业讲师的好处一般集中在以下几个方面。

第一,做商业讲师可以不断破圈,获得更多本行业外的机会。

有一些人选择当商业讲师,最重要的目的就是破圈,从之前封闭的行业小圈子里走出来,打造自己的第二事业,完成对自我价值的再造。这些人不乏一些公司的 CEO，他们希望通过做商业讲师拓展行业外的人脉，打造属于自己的个人 IP，提升影响力的同时获得更多跨行业交流的商业机会。

比如，我认识的一位想当商业讲师的老师，他在谈到为什么想做商业讲师时，说了两点内容，第一点是把自己的经验，包括工作经验、行业经验等，分享给更多企业和更多人，让他们都能从中受益。第二点是为了打造他的个人 IP，他希望能像抖音、头条上的优秀老师一样，把自己的 IP 做出知名度，一说他的名字，别人就知道是谁。他所说的这两点，正好与商业讲师的破圈点吻合。

第二，做商业讲师可以比较自由地支配自己的时间，做自己的 CEO。

有的人会说，商业讲师的课定好时间就不能改了，也没想象中的那么自由。其实，这里讲的是相对的自由，老师不可能像自由职业者那样，完全掌控自己的全部时间。商业讲师的自由度介于普通上班族和自由职业者之间，有选择课程及时间范围的权利，比如哪天有事，可以提前空出来这天不安排课程，这是一般企业员工没有的对时间的支配权。

此外，还有一种比较特殊的情形。我之前接触过一些大企业的高层，其中有一位曾在某著名汽车企业任职，他和我说自己今年就要退休了，但是不想马上闲下来，怕自己老得快，所以想继续做点什么，让我给他出出主意。因为他早就实现了财务自由，挣钱对他来说已经不是第一位的，所以他现在就想做一些能自由支配时间的工作。

而商业讲师对这类退休人员来说最大的好处就是可以实现时间上的自由。很多人退休后还想发挥余热，但是不想去大企业继续打工，也不想创业，这时当商业讲师就成了他们的最优选择。他们可以做自己的 CEO，通过培训课堂交到新朋友，给更多的中小企业培训，教他们如何用大企业的思维方式管理企业，在帮助这些企业的同时，也使自己多余的能量有了用武之地。

第三，做商业讲师有极大可能实现财务自由，形成超级个体。

除了已经实现财务自由的特殊群体外，大部分人还是想通过做商业讲师多赚钱的。不过想实现财务自由并没有那么容易，需要老师先把自己的经验汇总提炼成课件和相关资料，之后还要能在课堂上完美地呈现出来。如果你能做到这两点，那么实现财务自由就不是什么难事。

比如，有一个老师，一年大概能讲 100 天课，上完一天课拿到手的钱差不多是 1 万元，所以他一年基本能挣到 100 万元以上。当然，这还不是最多的，通过商业课程交付以及衍生的多种培训项目，很多成熟的商业讲师的年收入可以达到近千万元。

和商业讲师相比，上市公司高层每年拿到手的工资和团队绩效、股票行情等密切相关。如果企业今年发展得不好，那么他们大概率拿不到这么多钱。所以，上市公司高层年工资的不稳定性还是比较大的，商业讲师相对来说更有可能实现财务自由。

对大多数的 CEO 来说，在目前的市场环境下，想要实现财务自由也没有那么容易。而且，CEO 管理公司的压力很大，需要担负的责任也更多。如果 CEO 想要更轻松地实现财务自由，那么我的建议是转行当商业讲师。

第四，做商业讲师可以帮助更多同行业的人，还可以完善自己的各种能力，使自己变得更加强大，最终实现人生价值。

曾经有一位来我们公司咨询并想做商业讲师的老师，她之前在银行保险机构做事，有十几年的工作经验。她从一线销售员慢慢做到了管理岗位，再做到了高层领导。因为这个行业对销售的技巧要求很高，所以她所在的机构经常会组织一些培训。她听过这些老师讲课之后，觉得自己的专业能力水平和他们差不多，而且比他们更了解行业的现状，所以逐渐萌生了当商业讲师的想法。她不仅想在公司内部讲课（即做内训师），也想去行业内的其他公司讲课，把自己的一线销售经验直接讲给更多普通的销售员听。所以她做商业讲师的目的很简单，就是把自己的经验传递给更多的人，实现自己的人生价值。

此外，她在做商业讲师的过程中发现，商业讲师的授课思路逻辑化、层次化更强，讲课的时候需要更加专业。通过不断地授课教学，她自身的能力得到了相应提高，后来她不仅拥有了专业知识，更拥有了强大且多面的授课能力。

再比如，我们之前辅导过的一个老师，他是从某家知名互联网企业辞职来当商业讲师的，因为他觉得当商业讲师可以实现他的人生价值。主要表现为以下两点：第一点，用精彩的课堂表现激发学员的思想火花，让学员学到真正有用的内容，而不是睡一节课；第二点，他以前是做审计工作的，与同事之间更多的是对立的关系，而讲师和学员之间是一种比较亲密的关系，他希望能在做商业讲师的过程中收获更多的朋友。

其实，我做讲师经纪也是为了实现自己的人生价值。之前讲过，我毕业后就去了一家企业培训公司，在那里我感受到了培训的价值和意义，觉得比上学时学到的内容还要有用。后来有一段时间，培训的名声特别不好，很多企业把经营不善的锅都推到了培训的头上，培训无用论的观点在社会上流行了很久。当时我听到这种观点后也有点迷茫，但是后来我想通了。

我认为培训的本质就是一种成人教育，教育肯定是有用的，但为什么很多企业觉得培训无用呢？因为培训行业中老师的素质参差不齐。能力不足的老师在企业上完课后，员工一点有用的内容都没学到，而且企业内也没人对此负责，这样恶性循环下去，培训行业的名声自然越来越差。所以，我做讲师经纪的一个重要理由，就是帮助企业筛选老师，让老师能够真正地帮到企业，让培训真正做到有价值。在做这件事的过程中，我获得了很多成就感，也实现了自己的人生价值和追求。

商业讲师和其他培训老师的区别

在培训行业中，对于不同类型的老师有各自不同的叫法，比如内训师、教练、演讲者、专家等。在我看来，商业讲师并不属于其中的哪一种，他们与这几类老师之间有一定的联系，但也有着明显的区别，可以用以下公式来描述他们：

商业讲师 = 内训师 + 教练 + 演讲者 + 专家

商业讲师与内训师的区别

商业讲师和内训师的区别主要体现在培训的企业数量上，是针对一家企业还是面对众多企业。内训师一般是企业内部的专家，对企业的优势和存在的问题认识得比较深刻，因此在某个细分领域可以讲得很好。但是，内训师的授课内容存在局限性，其中很多都不能直接提供给其他企业使用。而商业讲师在架构课程内容时，一般会从更高层次考虑问题，也就是说，从行业的角度来思考解决问题的方法。这样商业讲师的受众面就会变得更广，同时对老师能力的要求也相对更高。

商业讲师与教练的区别

与商业讲师相比，教练一般不会直接给出正确答案，而是通过倾听、询问等核心教练技巧，帮助学员用自己的力量找到问题的答案。教练一般会制定一个时间表，要求学员按照时间表上的计划进行操作。这样做耗费的时间会比较长，大多数企业并不会把其作为培训的第一选择。因为企业有培训需求时，一般都是遇到了急需解决的问题。商业讲师能在讲课时直接给出解决问题的方案，学员照着做就可以了，大大缩短了思考及解决问题的时间，所以就会更受企业的欢迎。

商业讲师与演讲者的区别

演讲者通常要靠鲜明的个人观点、缜密的内容逻辑和精彩的演绎效果来影响听众，其一般有充裕的时间打磨稿件结构，然后只需要在一个特定的场合，对内容本身做好呈现就可以了。

商业讲师除了要准备专业课程内容外，还有如人际沟通、现场应变等内容需要提前练习，对人的综合能力要求非常高。一般来说，商业讲师首先要有一门课，之后要能在课堂上把这门课讲出来，而且要讲得精彩，让学员有所收获。

举个例子，我们有一位新入行的商业讲师，他之前在高校里讲了十几年课，同时也给国企上过课、做过演讲。他发现做演讲的时候基本不需要和下面的受众有过多交流，只要把自己想说的都说出来就可以了。但是，他作为商业讲师站到讲台上时，除了讲课外，还需要抽出更多的时间和底下的学员进行交流和沟通。对比两者之后，他认为商业讲师是培训行业中最难做的，各种培训的知识都要学一点。

商业讲师与专家的区别

专家的服务对象一般是企业老板或高层，主要工作是就企业出现的问题和老板或高层进行单独沟通，为他们提供专业意见。专家在为企业做咨询或辅导时，面对的受众人数通常较少，一般会用咨询的思路来解决问题。商业讲师面对的则是人数众多的企业员工（即学员），所以对其讲课方面的能力要求更高。比如，要有比较强的沟通能力和表达能力，能对课程知识点进行精准解读，能把讲课内容和受众特点进行有机结合，等等。

因为受众类型不同，所以商业讲师要考虑学员存在不同的认知水平，要提前做好准备工作，挑选合适大多数学员的沟通方法和讲课思路，不能完全以"我"为主。

有的专家的专业能力很强，但缺乏教学魅力，只能把专业知识传达给少数人，而不能让大多数人受益。专家转型成商业讲师后，如果不转变思路，依然觉得自己的课程内容是最好的，不用学习专业授课技巧的话，那么在面对人数众多的学员时，就会出现课堂冷场、学员注意力无法集中等情况，造成培训效果不好，获得的评价自然不会太高。

比如，有一个老师曾是某个领域的专家，和我们谈专业内容的时候头头是道，但当我们把他介绍给企业后，发现他根本不会讲课，很多学员课后都表示听不明白，所以收到的课程反馈结果特别不好。他自己在讲课时的感觉同样不好，认为自己掉链子了，没有发挥出应有的水平。这个老师就是典型的专业能力强，但教学能力不足，后续他就需要在授课技巧方面多加练习。

我们公司接触的类似这种专家型的老师不多，作为行业专家他们懂得很多，所以有点从骨子里看不起商业讲师，认为商业讲师讲的内容过于浅显，根本不值一提。但商业讲师不仅能收获台下热烈的掌声，而且还能让学员认为他们的专业水平很高，这个结果让他们感到不服。比如，我认识的一位从某业内专家转行做商业讲师的老师，他之前也是这种观点，做了几年商业讲师后，他不得不承认商业讲师做起来并不容易，想要把课堂讲"沸腾"，让学员感到满意还是挺难的一件事，相比专家十分有限的受众来说，商业讲师可以让企业里更多的人得到帮助。这是他的肺腑之言，我也很认同他的这个观点。

最后，让我们从定义、目的和特点的角度来总结一下这部分的内容。

从定义和目的来看，商业讲师主要通过对企业员工进行改造来解决企业的问题，目的是把同一门课程赋能给不同的企业及其员工；内训师主要是在一家企业里讲授课程，目的是把这些课程赋能给企业里的员工；教练主要通过制订时间表和改进计划，帮助员工凭借自己的力量找到问题的答案，目的是挖掘员工和团队的潜能；演讲者主要是做内容呈现，目的是通过展现自己的情绪来影响听众；专家主要是给企业高层提供专业意见，目的是指导企业高层解决企业出现的复杂问题。

从特点来看，商业讲师除了输出内容外，还需要负责改变不同企业的人；内训师也是输出内容，但改变的是一家企业里的人；教练不输出内容，但会帮助人们改变；演讲者只输出内容，通过内容影响人；专家会输出内容，但不负责改变人，也就是说，专家会把自己的意见都列出来，但企业会不会按照这些方法来做就由企业来做决定。

通过上面的总结我们能看出来，商业讲师其实很难做，要有专业知识，能输出内容，会改变人，能给员工赋能，基本算得上是样样精通，相当于是内训师、教练、演讲者和专家的综合体。所以，做商业讲师是有一定门槛的，不是谁都可以做得好的。举个例子，每个健康的人都会跑步，但是要成为专业赛事百米赛跑冠军却很难，对速度、力量、耐性等都有很高的要求，只有极少部分人才有成功的可能。

　　我曾经想过给自己出道难题，把我们公司其他部门的一些专业能力优秀的同事打造成商业讲师。在具体实行过程中，我很快就放弃了这个想法，因为商业讲师要有比较全面的素质和能力才行，而有些同事或多或少地缺少某个方面的能力，所以想要让他们在商业讲师领域做出好成绩，我个人认为确实比较难。

第二章
商业讲师的商业化之路如何开启

- 什么是商业讲师的商业化
- 商业讲师通关基础课：三力模型
- 商业讲师成长九阶段
- 顺应市场，成为高商业化的商业讲师

什么是商业讲师的商业化

商业讲师的商业化，主要是指通过深度挖掘老师潜能，并进行精准的传播，让特定市场能够快速接受老师，实现老师在能力、价值和经济效益等方面的最大化（见图2-1）。

```
挖掘潜能
   ↓
精准传播
   ↓
被市场接受
   ↓
实现能力、价值和
经济效益等最大化
```

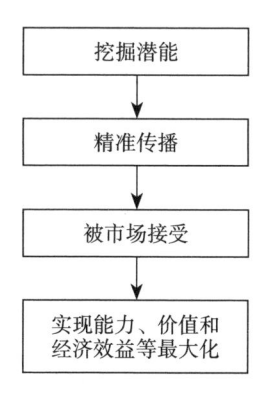

图2-1　商业讲师的商业化过程

根据我们做的相关调查，发现有几类老师适合当商业讲师，包括内训师、企业高管、行业专家、高校教授，以及咨询师，等等。这些人之所以适合当商业讲师，是因为他们有大量服务企业的经验，而且对所在领域都有比较专业和深入的研究。当然，有这些背景并不能说明他们已经具备了当商业讲师的条件，能够当好商业讲师。通过对他们职业素养等方面的考察，我们发现其中有很多人都需要进一步加强学习。

对他们来说，想要实现商业化，最重要的是具备市场化思维，这需要他们对商业讲师的市场环境有比较深入的了解和认识。一般来说，市场选择老师主要看三个维度：第一，对课程的精准定位，可以让客户快速找到老师；第二，对课程大纲的场景细化，内容要符合客户所在的市场环境；第三，对主讲课题的深入研究，要形成自己对该课题的观点和看法。

简析企业培训行业发展历程

我们从企业培训行业的发展历程来讨论这个问题。2023 年，多鲸资本联合腾讯营销洞察（TMI）、T20 培训机构董事长俱乐部，共同发布了《2023 中国企业培训行业发展白皮书》（下文简称为《白皮书》），对中国企业培训行业的发展过程进行了详细介绍。通过《白皮书》，我们能够清楚地看出现在的培训行业已经发生了翻天覆地的变化（见图 2–2）。

> 随着我国企业培训产业机构的发展和转型，预计到 2023 年，企业培训行业规模增长将突破 9000 亿元。随着行业生态的发展和学员需求变化，企业培训行业即将迎来新一轮的洗牌。**产业链布局逐渐完善，中游向细分行业分化，商业模式从低附加值走向高附加值**，师资、课程和机构的获客能力也均会面临新的调整。
>
> ——腾讯营销洞察（TMI）出品人　尹冠群

图 2–2　近年培训行业的发展变化模式

根据《白皮书》的总结，中国企业培训行业发展主要经历了四个阶段（见图2-3、图2-4）。

	启蒙期 1978—1990	孕育期 1991—2000
关键政策	1981年，中共中央、国务院发布《关于加强职工教育工作的决定》(8号文)，明确职工教育在国民经济中的地位和作用； 1985年，中共中央出台《关于教育体制改革的决定》，标志着我国大力开展职业培训政策的正式确立。	1993年，中共中央、国务院印发《中国教育改革和发展纲要》； 1994年，《中华人民共和国劳动法》颁布，明确规定国家实行职业资格证书制度； 1996年，《中华人民共和国职业教育法》正式实施，职业教育行业从此有法可依。
培训特点	1990年，国务院学位办正式批准设立MBA学位并试办MBA教育； 企业咨询培训机构以"中"字开头机构为主； 企业培训服务对象以大型国有企业、民营企业的管理层为主； 培训形式以零散的线下面授为主； 培训内容以借鉴国外为主，泰勒科学管理理论、彼得·德鲁克管理学理论传入中国。	大量高等院校开始招生培养MBA学生； 众多全球知名咨询公司进入中国市场，开展企业咨询培训； 培训内容聚焦于企业管理入门、宏观经济解读、国际视野拓展等基础教育，内容载体以光盘和录像带为主； 同期，杨国安提出组织能力的"杨三角"理论框架； 张瑞敏开始创立海尔管理模式。
商业情况	中国企业管理协会、和君创业、北洋咨询集团等协会及机构成立。	波士顿咨询、麦肯锡、埃森哲等咨询公司进入中国市场； 清华大学经管学院、北京大学光华管理学院等开始MBA招生； 中欧国际工商学院成立，时代光华等机构成立； 中国第一家企业大学春兰学院成立。

逐渐本土化，从一次性培训活动演变为持续性培训文化

图2-3 企业培训行业的发展历程1

首先是启蒙期。1985年，中共中央出台《关于教育体制改革的决定》，标志着我国开始大力开展职业培训教育工作。在这个阶段，培训内容以国外知名的管理学理论为主，如泰勒科学管理理论、彼得·德鲁克管理学理论等，培训行业的整体商业化水平较弱，机构数量少，课程需求量也比较少。

接着是孕育期。1996年《中华人民共和国职业教育法》正式实施，职业教育行业开始有法可依。到2000年左右，大量的高等院校开始开设MBA课程，全球知名的几家咨询公司也开始进入中国市场。这时的培训内容主要聚焦在企业管理入门、宏观经济解读、国际视野拓展

	快速发展期 2001—2010	产业变革期 2011 至今
关键政策	2003 年，《中华人民共和国民办教育促进法》正式颁布，鼓励民办教育发展； 2008 年，企业培训师国家职业标准出台，加速各企业内部培训师队伍建设。	2017 年，国务院办公厅印发《关于深化产教融合的若干意见》，鼓励企业依法参与举办职业教育、高等教育； 2018 年，国务院出台《关于推行终身职业技能培训制度的意见》； 2021 年，人力资源和社会保障部公布职业培训师等新职业，行业发展日趋规范化。
培训特点	EMBA、私董会、总裁班等培训形式发展壮大，以领导力、思维力等课程为主的企业培训课程在国内热销； 企业培训讲师队伍建设迈向专业化、规范化； 培训内容既涵盖如股权激励等西方前沿管理思想，同时又借鉴中国传统文化； 稻盛和夫阿米巴经营理论传入中国； 华为管理思想成为此阶段代表。	企业大学战略高度跃升，数字化人才培养受到重点关注； 培训需求刚性，培训机构和业务部门、人力部门紧密连接，培训对象从企业的决策层下沉到管理层乃至基层员工，中小企业的培训需求受到关注，呈现出普惠化的特点； 培训形式从面授咨询延展到定制化内训、网络直播甚至虚拟培训，更加多元化和个性化； 培训内容随供需两侧的数据化、信息化发展，变得更精细化和场景化，逐渐注重实战性，呈现出系统性、体系化的特点，实现从只注重个人名师到课程产品化、交付标准化的转变。
商业情况	长江商学院、行动教育、博商管理、凯洛格、创业黑马、魔学院等机构成立； 华为大学注册成立。	樊登读书、罗辑思维等知识付费平台兴起； 摩天之星、三节课、平安知鸟、UMU、酷学院等机构成立； 腾讯青滕学院、美团大学成立； 行动教育、创业黑马上市。

从线下到线上的跃迁，呈现多元化业态

图 2-4 企业培训行业的发展历程 2

等方面，这些内容比较基础，且具有普遍性，适用于大多数企业。从这个阶段开始，中国培训行业逐渐从单一化的培训模块变成整体化、系统化的培训结构，从一次性的培训活动变成持续性的培训文化，各种专业的培训机构和企业由此孕育而生。

之后是快速发展期。2008 年企业培训师国家职业标准出台，加速了企业内部培训师的队伍建设。EMBA、私董会、总裁班等培训形式逐渐发展壮大，领导力、思维力方面的课程开始变得热门。此时的培训内容不再是简单的对西方先进管理思想的解读和借鉴，而是与中国的传统文化进行了深度融合，变得更加贴近中国企业的管理模式。在这个时期，各种培训机构继续飞速发展，出现了如长江商学院等知名培训机构。

然后是产业变革期。也就是我们目前所处的时代。在这个阶段，培训行业发展逐渐规范化，体系搭建也日趋完善。企业培训不再是国企、央企，或其他大型企业等的专属内训，越来越多的中小民营企业开始引入培训课程，培训对象也从企业老板和高层逐渐往企业中层和员工扩展。随着目标人群的改变，培训需求也随之发生变化，从原本的数据化、信息化、理论化课程，逐渐演变成精细化、实战化、系统化课程。

目前这个阶段，老师个人魅力所发挥的作用持续降低，需要培训机构或平台来帮助其获得客源。市场比较青睐的是 To C 级别的产品，类似樊登读书的知识付费平台开始流行。整个培训市场呈现出多维度、多元化的特点，以解决企业实际问题为目的，形成从线下到线上的跃迁。

图 2–5 是对企业培训行业发展过程中的四个阶段所表现出来的特征、培训对象学历、时代、对老师的要求做的总结。通过图 2–5 中的总结，老师就能知道自己讲的课程内容是否符合目前的时代特征，自己的能力水平是否能达到企业的要求，等等。之后，老师就会对讲师商业化的重要性有比较深刻的认识和了解。

	启蒙期 1978—1990	孕育期 1991—2000	快速发展期 2001—2010	产业变革期 2011 至今
特征	大师时代	赚钱时代	创新时代	淘汰时代
培训对象学历	偏低	低	高	高
时代	传统	传统	创新	VUCA[①]
对老师的要求	低	一般	高	极高

图 2–5　培训行业发展过程特点总结

---

① VUCA，是 volatility（易变的）、uncertainty（不确定的）、complexity（复杂的）、ambiguity（模糊的）几个词的首字母缩写，对当代商业环境特征进行了比较准确的描述。

解读企业培训产业链

根据目前企业培训行业现状，我们可以总结出如下的企业培训完整产业链（见图2-6）。我们把这个产业链分成三个部分：第一个部分是上游的组织生产者，也就是讲师经纪公司（下文简称为"经纪公司"）以及商业讲师，主要是给企业提供产品、技术等方面的服务；第二个部分是中游的教育服务机构，比如培训机构、在线学习平台等，培训师一般会在中游提供服务；第三部分是下游的终端客户，也就是主要服务对象，比如企业高管、企业培训部门、企业培训中心等，内训师一般会在下游的具体企业中提供服务。

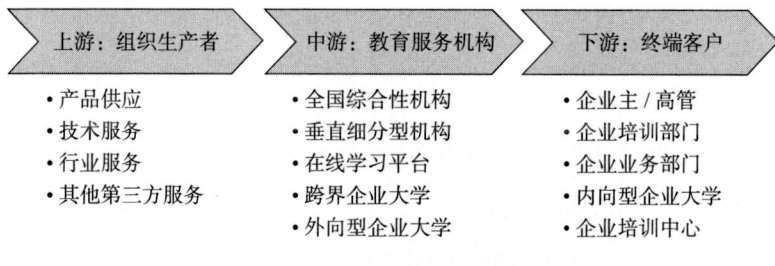

上游：组织生产者	中游：教育服务机构	下游：终端客户
• 产品供应 • 技术服务 • 行业服务 • 其他第三方服务	• 全国综合性机构 • 垂直细分型机构 • 在线学习平台 • 跨界企业大学 • 外向型企业大学	• 企业主/高管 • 企业培训部门 • 企业业务部门 • 内向型企业大学 • 企业培训中心

图2-6 企业培训产业链布局

通过图2-6，老师很快就能找到自己在企业培训产业链中的位置，并根据对未来的规划，制订出适合自己的在商业讲师领域的发展计划。下面，是我们对企业培训产业链中几个比较热门的发展方向的具体举例。

先看上游，如果你是新入行的商业讲师，或者想要转型成商业讲师，一般来说课程厚度方面会表现得略有不足，这个阶段的老师一般会找一些行业内口碑比较好的版权课进行学习，以此作为进入商业讲师领域的入口。

还有一部分新老师是从经纪公司起步的，经纪公司通过发掘、运营、赋能和陪跑老师，帮助企业把控好质量关，为企业选择最合适的老师。

因为老师们在商业化方面的能力水平发展不均衡，可能会出现商业化程度不够、专业知识欠缺、不符合企业的需求等问题，如果企业选了不合适的老师，就不能有效解决企业出现的问题，这时就需要经纪公司作为中间机构，在企业和老师中间搭起沟通的桥梁。

再看中游，中游以垂直细分型机构为主，具体可以分为以下几类：行业细分、培训形式细分、通用领域细分、业务领域细分和培训技术细分。为什么要进行如此复杂的分类呢？因为只有对老师进行准确定位，才能快速地让企业注意并识别到老师。

在培训行业中，老师一定要有典型的标签和准确的定位。老师没有识别度，就很难有市场，也很难发展壮大。老师需要先找到切入口，进入目标市场，之后再慢慢扩展自己的领地，通过不断地复盘、优化、提升，最终在行业内形成自己的课程体系和口碑，成功地在行业内占据一席之地。

最后看下游，下游主要是终端客户，也就是采购课程的人。老师经常会有一个误区，就是只对上课的学员上心，却忽略了采购课程的人。其实，采购课程的人才是老师需要重点关注的对象，老师首先要解决的是他们提出的企业问题，其次才是解决交付课程过程中学员提出的学习问题。

这里再重点说一下处于中游的培训机构和经纪公司，它们是老师进行商业化的得力帮手，会为老师出谋划策，制定各种可行的市场化运营策略。根据我们的调查，培训机构目前的特点是多维度细分，百花齐放，各种机构层出不穷。老师可以根据图 2-7 展示的产业链中游的培训机构现状特点，来挑选适合自己的培训机构进行合作。

多维度细分，百花齐放

细分型	行业细分	生产制造	银行	房地产	……	综合型	企业内训
	通用领域细分	领导力	教练技术	……			企业咨询
	业务领域细分	战略定位	运营模式	……			总裁班
	培训技术细分	学习技术	绩效改进	……			创业教育
	培训形式细分	游学对标	户外拓展	……			高校商学院
	区域细分						

图 2-7　产业链中游的培训机构现状特点

根据上面对市场的分析可以看出，做商业讲师的难度在逐渐变大，但机会也变得更多。经纪公司的作用就凸显出来了，它们可以帮助老师进行商业化运作，作为引路人减少老师的时间成本，使老师可以快速适应市场，避免陷入其他老师曾经遇到的风险中。

总结上面的内容，我们可以看出企业培训行业具有的三个关键要素，分别是师资服务、课程内容和系统平台（见图 2-8），通过这三个要素，来帮助企业有效提升效能、减少试错成本。

师资服务	课程内容	系统平台
开展培训所需的师资来源由企业内部讲师和企业外部讲师（职业讲师、高校教师、行业专家）构成。	作为企业开展培训业务的关键，企业培训课程内容不再限于纸质书籍、讲义与课件，数字化内容渐成主流。	系统平台可为企业培训人员组织培训活动提供管理工具，也为企业职工参与培训提供学习平台。
在师资质量参差不齐的情况下，行业衍生了讲师经纪平台，为培训机构提供高端讲师的选拔和培养服务。	课程内容与企业实际业务需求的适配度、与业务场景的结合度越来越高。	按照部署方式可分为 SaaS[①]云平台、独立部署、定制化开发等，具有通用化、标准化、易用性的特征。

图 2-8　企业培训行业的关键要素

---

① SaaS，即 Software as a Service 的缩写，是一种基于云计算的软件服务形式，用户无须购买和安装软件，只要订阅就可以使用。

通过对《白皮书》的解读，我相信你已经知道商业讲师商业化的重要性，也开始想要了解更多进行商业化操作的具体方法。需要再次提醒的是，商业讲师不应该向客户炫耀自己的知识，而是要利用自己的知识，去解决客户的问题。

商业讲师通关基础课：三力模型

老师想要顺利实现商业化，就要重视自己在产品、品牌和销售方面的能力。产品力、品牌力和销售力就构成了商业讲师的三力模型（见图 2-9）。

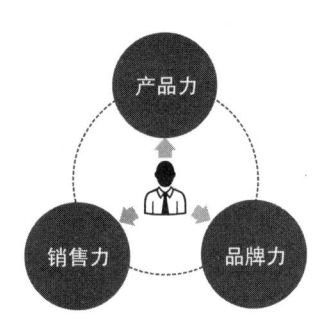

图 2-9　商业讲师的三力模型

我刚开始做讲师经纪公司的时候，就在讲三力模型，到现在已经讲十几年了。有老师问我：现在流行的都是危机力、洞察力、感知力这些词，你为什么不"与时俱进"，还要一直讲三力模型呢？对于这个问题，我的想法很简单，因为这三种"力"是商业讲师的基础能力，只有把这三种"力"做好，才有可能往其他"力"扩展。所以，这就是我一直在讲三力模型的原因，讲师只有把基础打好，往上发展时才会比较稳当。

商业的底层逻辑包含在三力模型中。商业的底层逻辑是价值或利益的等价交换，想要实现交换，你首先要有产品，之后你要能把产品卖出去，这样才算是有了一个完整的交换过程，在三力模型中与之对应的就是产品力和销售力。那么，为什么还要有品牌力呢？因为品牌力体现的是你的产品与同行、竞品等存在的差异化内容，是增加产品价值的有效手段。如果你的品牌力增强，那么你的产品价值就会变高，在进行价值交换时就能从对方那里得到更多的东西。

这三种"力"也是所有商业概念的底层逻辑。比如，组织就是把做事的人聚到一起，通过这三种"力"把事情做好；运营就是把这三种"力"串到一起循环起来；管理就是让这三种"力"变得高效；战略就是让这三种"力"循环起来，形成整体的合力；等等。

产品力

产品力是什么？我曾问过很多老师，大家给出的答案五花八门。比如，有的老师认为，产品主要是针对学员和客户的，所以产品力主要体现在老师是否能满足不同客户的需求。还有的老师认为，产品力体现的是老师的综合能力，要使老师、平台、客户、学员四个方面互相满足，大家都能通过产品得到想要的结果。

我也一直在思考这个问题，经过长时间的经验积累和总结，我认为产品力主要包括老师素养、课程内容和教学策略（见图2-10）。对于商业讲师来说，这三个方面缺一不可。

首先，要有老师素养。商业讲师是老师的一种，也要站在讲台上给学员授课，所以要具备一定的专业素养，要让学员尊敬和认可。素养体现在日常生活的方方面面，不仅要在课堂上注意自己的素养，在平常的生活中也要多加注意，努力提高自己的道德水平，成为学员愿意学习和模仿的榜样。

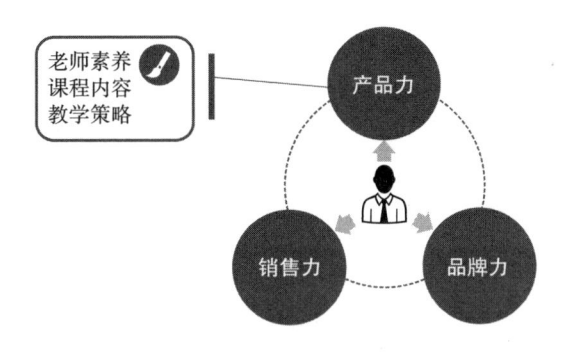

图 2-10　产品力包含的内容

其次，要有课程内容。课程内容是老师讲课的基础。如果课程内容不好，即使你很会讲课，对学员来说也没多大用，他们也不会认为你是一个好的商业讲师。所以，商业讲师的课程内容不能太差，需要对学员进行有效赋能，让他们通过你的课程内容有所收获。当然这里有个例外情况，假如你是教练技术方面的老师，虽然没有好的课程内容，但是你很会讲课，能够通过分组、引导等方法帮助学员挖掘自身潜力，那么课程内容相对弱一点也是可以接受的。

最后，要有教学策略。教学这里指的是在现场由老师和学员面对面完成的，既不是直播，也不是视频课。老师一定要提前制定出合适的教学策略，不能光在课堂上照着 PPT 念文字，这样教完一堂课，学员可能不会有任何改变。我建议你选择一个业内评价比较高的商业讲师，亲自听一堂他讲的课，感受一下现场氛围。听过课后，你就能明白教学策略的重要性了。在这样的课堂中，学员受到现场环境的影响，对课程内容的接受程度会更高，也更容易在课后主动做出改变。

除了上面讲到的内容，教学策略还体现在：面对学员是否会因为紧张而说不出话，或者因为紧张在讲课过程中使用方言，等等。如果你之前没有关注过这方面的内容，那么站到讲台上后，你可能会因为控制不了紧张、激动等情绪，而讲不好精心准备的课程内容，导致最终呈现效果不好，学员对你自然不会有很高的评价。

作为商业讲师，你在对产品进行打造时，一定要确保上面这三个内容都准备充分，不要让哪一部分掉了链子。哪怕只掉了其中一个链子，你这次的课也算是讲砸了。关于产品力，这里只是粗略讲一下总体概念，在后面的章节中还会对这部分内容进行更加详细的说明和举例。

品牌力

有的老师认为，品牌就像一个标签，是区别于其他人的具有特质性的内容或产品。品牌与普通产品之间的区别主要体现在美誉度上，比如茅台，它的美誉度很高，大家对它很认可，如果我们想做品牌力的话，肯定是向茅台学习。

这个老师对品牌力的理解其实很对。请你想一想，茅台的美誉度体现在哪些方面呢？第一是有号召力，大家对茅台的产品认可度高，认为茅台的产品确实有高价值；第二是通过长期的积累，大家已经形成了对品牌的共识，一提到茅台，我们就觉得它的档次很高，因为它经常出现在各种重要场合。

品牌力其实可以用下面这句话来概括：**品牌不是你认为自己好，而是市场机构和其他人认为你好**。想要提高品牌力，你需要转变思路，从客户的角度来思考问题。品牌一般以客户和市场的认知为基础，而品牌力的提升过程，就是让客户和市场认可我们的过程。在这个过程中，我们需要做下面三项工作：第一是定位；第二是传播；第三是势能（见图2–11）。

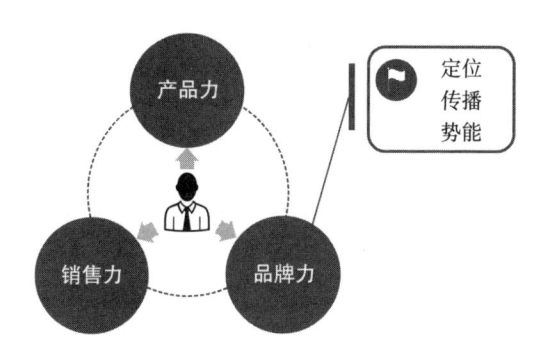

第二章 | 商业讲师的商业化之路如何开启

图 2-11 品牌力包含的内容

首先，看一下品牌如何找准定位。给品牌定位的基础是要保证产品品质不能太差，要花时间和精力来打磨产品，使产品变得优秀。茅台酒的口感很好，喝过的人对它基本没有差评，所以茅台的品牌才可以立得住，并能在日后的发展中持续扩大自身的影响力。

其次，看一下品牌如何进行传播。传播主要可以分成四个步骤（见图 2-12），分别是：用差异化被发现、用关联被认识、用重复被记

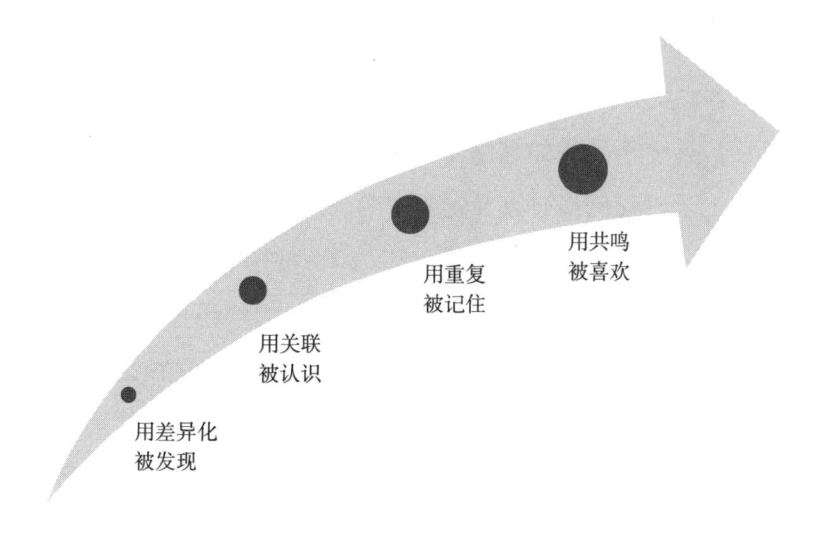

图 2-12 品牌传播的四个步骤

037

住、用共鸣被喜欢。

第一步，让客户发现你的存在。如何被发现呢？需要你做出与同行之间存在差异性的内容。比如，其他人都在讲"细节决定成败"，你不讲这个内容，而是讲"战略决定成败"，这就和其他人有了明显的区分，客户也会更容易发现你。

第二步，让你的品牌和客户产生关联，让他想主动认识你。如果你的课程内容能完美贴合客户存在的问题，那么等客户出现类似问题时，他马上会想到你，这就算是你的品牌被客户认识了。

第三步，客户对你的品牌有印象后，你要趁热打铁，在客户面前反复宣传你的品牌，努力让他记住你。很多我们耳熟能详的广告都是用的这种宣传方法，就是通过不断重复相同的内容，才能如此深入人心。只要说出品牌的名字，我们的脑海中马上就能出现它们的经典广告语。

第四步，客户记住你之后，如果出现相关问题，他就会请你到企业里讲课。如果你讲课的水平很高，内容也很专业，能讲到客户的心里，那么客户就会和你产生共鸣，继而变得更加认可你。

最后，看一下品牌如何增加势能。品牌势能展现的是老师的内在品质。上学时我们都被教导过要"尊师重道"，在多数人心里，老师的形象是和蔼、智慧、仁爱的，是"勤劳的园丁"，是知识渊博的智者，是指引我们前进的明灯。所以，人们对老师都有比较高的期待值。商业讲师虽然教学对象是成年人，但是他们对老师所抱有的期待是一样的。想要更好地完成学员期待的内容，商业讲师就要努力提高自己的修养、交际能力等品质，把自己的课程做好，这样你的品牌势能才能得到最大的发挥。

销售力

有了好的产品和品牌之后，下面要做的就是把它们推销出去，让客户选择我们。这时，需要的就是销售力了。

对于销售力，相信大家都有很多想说的话。比如，有一个老师，他在这方面吃过亏，所以对销售力有很深刻的个人理解。他认为，销售力就是把产品卖出去的能力，如果你做了好的产品，但是不能把产品卖出去，那你依然是不成功的。做出好的产品只是第一步，接下来你还需要有好的包装和营销策略，在定价、名称、客户关系等方面多下功夫，这样才能把你的产品成功推到客户那里，让他对产品产生兴趣。

其实，对是否有销售力的判断很简单，有人愿意卖你的产品、有人愿意买你的产品，这就代表你有了销售力。下面，我来解释一下这两句话的具体含义。

"有人愿意卖你的产品"，这里的"人"指的主要是经纪公司和培训机构。你要和这些公司、机构搞好关系，给它们一定的利润空间，也就是说要让大家都赚到钱，而不仅仅是你自己获利，这样才能打造出一个双赢的局面。经纪公司自然会大力推广和宣传你，把你介绍给更多有培训需求的企业。

"有人愿意买你的产品"，这里的"人"指的主要是有培训需求的企业和客户。这些企业和客户愿意买你的产品，最重要的原因就是你的产品可以帮助他们解决实际问题，可以给他们可执行的方案和具体解决措施。

需要注意的是，无论是经纪公司、培训机构，还是有培训需求的企业和客户，对你是同等重要的，千万不要为了讨好客户，轻易牺牲经纪公司、培训机构的利益。比如，我认识的一个老师有段时间因为授课量变少而变得格外焦虑，为了提高授课量，他悄悄找到客户，说可以给他们降一些价，请客户选择他的产品。这种方法有没有用呢？其实是没多大用的。因为一家有培训需求的企业，它最大的成本其实是花在员工身上的时间成本和经济成本，而请老师的费用一般只占总成本的10%左右。所以降低课程价格对企业来说吸引力不大，因为它花钱的大头不在这里，但是这个行为肯定会伤害到合作伙伴的利益。

这种类型的老师最缺乏的就是商业化的思维，这种擅自降价的做法，得到的结果只能是鸡飞蛋打，既丢了客户，又把培训机构和经纪公司得罪了，到最后谁都不满意。这肯定不是老师想要得到的结果。那么，正确提升自己销售力的方法是什么呢？请看图2-13。

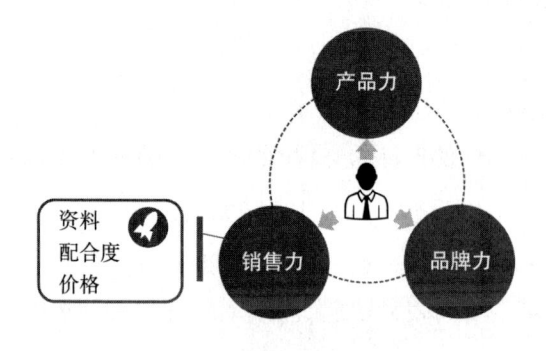

图2-13 销售力包含的内容

销售力中的第一个内容是资料。想要提高销售力，老师首先要做的就是从客户的角度出发，提供给客户有价值的资料。以我们公司为例，我们每年接到的培训需求在10万个左右，最后成交的课量大概为1万个，两者的差距还是挺大的。按照我的预测，我们公司的成交量应该在此基础上增加10%~20%。为了达成这个目标，我在公司里特意做了一个调研，发现课程成交量低的主要原因就是很多老师的销售资料写得不好，不够商业化，没能吸引到目标企业。

这些年陪跑商业讲师的经历，让我发现这些老师最大的问题，就是他们单纯地认为成交主要是靠自己的口才。这种想法大错特错。现在已经是信息化时代，各种通信手段越来越发达，我们向目标企业面对面推销的机会越来越少，大多数时候都是靠线上发资料的形式让目标企业了解我们的情况。

所以，销售资料对老师来说变得很重要，是老师与目标企业进行沟通与联系的第一道程序。在销售资料中，你要把课程内容、优势、特点等全部列出来，之后由经纪公司协助你做出和资料搭配的方案，以此来吸引目标企业对你的关注。

我有一个做商业讲师的朋友，就曾因为销售资料出过问题。他的课程内容和授课水平都很不错，但是授课量一直不太高，所以他来找我帮他分析一下产生问题的原因。我看了他的销售资料后，马上就知道问题出在哪儿了。我让他把自己的资料和另一个老师的资料放到一起，之后删掉资料上的名字和照片，请他的好朋友们读一下这两份资料，看他们会选择哪份。过了两天，这个朋友又来找我了，结果不出所料，基本所有人都选了另一个老师的资料，而没有选他的。

我们还有一个老师，也出现了类似的问题。他的专业知识背景、课程内容等都不错，就是销售资料写得太差了，完全没有突出自己的优势，所以他的授课量一直特别低。我们给他 10 个需求，他能成功 1 个就不错了，有时候甚至 1 个都转化不了。而销售资料写得好的老师，我们给他 10 个需求，他基本都能成功，转化率达到 90% 以上。这就是销售资料展现的威力。

如果你的销售资料写得不吸引人，那么客户可能在挑选资料的时候，就把你提前排除掉了，根本不会有进一步了解你的想法。除非你是国内顶级的老师，大家都听过你的名字，那么你可以不做销售资料，只需要把自己的名字报出来就可以了。但是大多数老师都没有这种知名度，和其他老师的授课差距也不大，这时就要特别重视销售资料的撰写，才能保证自己不在一开始就被客户刷掉。在后面的章节中，我们也会对如何做销售资料进行详细讲解，你可以参考文中提到的这些方法，对自己的销售资料进行补充和完善。

销售力中的第二个内容是配合度。这里的配合度主要是指老师要配合经纪公司或培训机构，把自己的优势和特点与目标企业进行匹配。有的老师想得很简单，既然我想让经纪公司或培训机构大力推广我，那我就和这些中介机构搞好关系，时不时地买点水果、礼物给他们。其实你不用花这个冤枉钱，只需要让他们充分了解你的思路和想法，之后跟着经纪赋能老师的思维逻辑，配合他们调整、完善资料就可以了。这样做之后，你的销售力自然会得到极大的提升。

有的老师想不明白这一点，特别不愿意修改销售资料。他们自认为已经很了解所在行业的特点和规则，所以在编写销售资料时也是以"我"为主，基本不考虑客户的想法。这就造成他们极度缺乏客户思维，做出的资料大概率不是客户想要的。

销售力中的第三个内容是价格。制定合理的价格可以提高课程成交率，使老师、中介机构和客户都感到满意。老师想要为课程制定出合理的价格其实不难，因为很多行业内部都已经有了约定俗成的价格。比如，中层管理的课程价格一般不超过 9000 元，如果超过了这个价格，课程往往就会不好销售。现在请你思考下面这个问题：

> 如果课程价格定得比 9000 元高，有没有可能卖出更多的课程呢？

其实是有可能的。只要你能找出自己与同行存在的显著差异，并重点展示出来，那么你就有可能凭借此项优势卖出更多的课程。接着请你反向思考一下：

> 如果课程价格定得比9000元低，有没有可能卖出更多的课程呢？

也有可能，但是可能性极低，前文曾提到过降低课程价格对企业吸引力不大的原因。在一些比较成熟的培训行业内部，大家都很"卷"，不仅会"卷"内容，也会"卷"定价，结果就是大家的课程价格不会相差太多，最终形成一个比较成熟的定价标准，一般不会出现过低的定价。

关于如何利用价格撬动授课量，这里我想分享一个真实案例给大家。这个案例的主人公是我的一个好朋友，年龄和我差不多。当时他老婆刚生了一对双胞胎，加上之前生的老大，一共有三个孩子要养，这使他经济压力很大，就想把授课量再提高一些。但是他所在行业的课程价格已经趋于稳定，不容易提高太多，他就想趁着自己还年轻，多跑几个地方，争取把授课量做上去。于是他跑来找我咨询，问题就是：具体应该怎么做才能多跑量呢？

我给他的建议是，把目前5000元的课程价格提高500元，到5500元，这样他的授课量就能起来了。他听完后马上摇了摇头，觉得这个方法不行。我给他解释了一下这么做的原因和具体思路，他听过后，将信将疑地按照我的办法做了两个月，授课量果然提高了不少。

为什么提高500元反而能增加授课量呢？因为当时他所在行业的课程价格基本都在5000元左右，其中培训机构或经纪公司拿2000元，老师自己拿 3000 元。这个行业里的大多数老师都在按照这个比例分配金额，彼此之间都没有太大的区别。如果提高 500 元，是分给谁呢？当然不是给老师自己，而是给培训机构或经纪公司。企业对 5000 元和 5500 元的价格是没有太多感觉的，多花 500 元用于培训教育对大多数企业来说也不算什么大事。但是这 500 元对于培训机构或经纪公司来说就不一样了，他们感知到这笔钱的价值后，会更加努力地帮老师提高授课量，帮老师搜集更多有需求的企业。总之，课程价格当然可以调整，但是不能凭自己的心情随便调整，改前一定要先想好这么做的理由是否充分，确认无误后再进行调价操作。

前文讲过，很多培训行业市场内部价格现在都已经定型，包括如何分利、如何调价等都有了自己的方法和套路，定价并没有那么容易改变。根据我们公司所做的调查，目前培训行业的大多数老师一年能挣到 50 万~100 万元，挣到 100 万元以上的其实很少。在这种情况下想要赚到更多钱，你就需要找到新的出路，比如做出产品矩阵，或者改做商业讲师，这样你一年可以挣到 300 万~500 万元，甚至更多。

如何用三力模型准确评估自己的能力

通过阅读上面三个部分的内容，相信你已经初步了解了三力模型。这里我们再做一个回顾，三力模型由产品力、销售力和品牌力组成，是判断老师商业化程度的重要指标。产品力包括老师素养、课程内容、教学策略三类，是老师最基础的能力；销售力包括资料、配合度和价格，是老师最容易忽视的能力；品牌力包括定位、传播和势能，是老师最难提高的能力。

下面，请你对照商业讲师的三力自测表，来判断一下自己目前各项能力的具体水平（见表 2-1）。根据自评的分数，你就能知道自己的优势所在，同时也能及时发现自己的缺点，并重点对这些内容进行学习和提升。

表 2-1 商业讲师的三力自测表

商业讲师三力	评估维度	评估结果
产品力	老师素养	
	课程内容	
	教学策略	
销售力	资料	
	配合度	
	价格	
品牌力	定位	
	传播	
	势能	

商业讲师成长九阶段

我们根据公司一个老师的整理和分析，发现商业讲师的成长过程大体可以分为九个阶段（见图 2-14）。

第一，**陌生迷茫阶段**。这时的商业讲师刚进入行业不久，处于了解商业讲师环境现状的时期，主要是和培训机构或经纪公司做商务沟通、制定课程、做销售方案等。

第二，**自负或自卑阶段**。这时的商业讲师已经对培训行业有了一定的了解和认识，很多老师开始对自己的能力产生怀疑，担心自己讲不好课，处于自我识别、自我和讲师能力对应时期，主要做的工作是

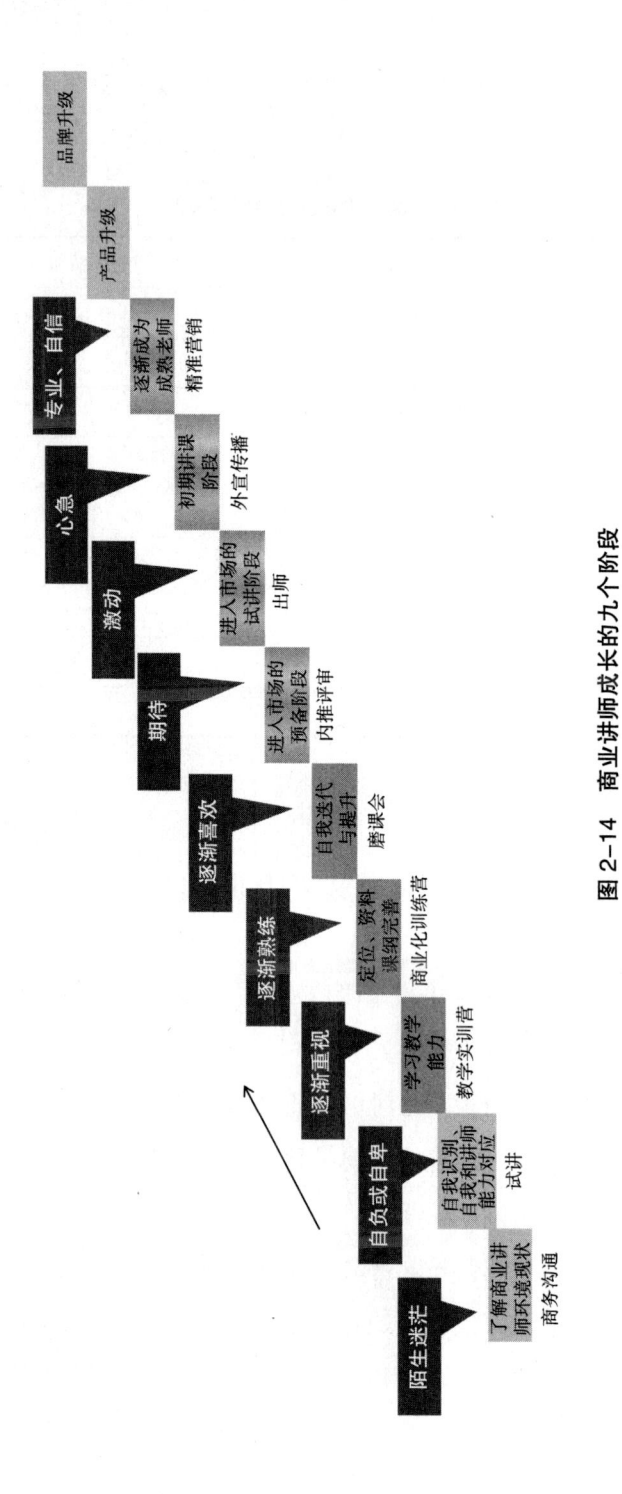

图 2-14 商业讲师成长的九个阶段

试讲。

第三，逐渐重视阶段。这时的商业讲师已经做好了基础的准备工作，开始进入提升教学能力时期，主要做的工作是参加教学实训营，通过培训提高自己的授课水平。

第四，逐渐熟练阶段。这时的商业讲师已经有了比较高的教学水平，进入自我定位、完善资料和课纲时期，主要做的工作是参加商业化训练营，提高自己的商业化水平。

第五，逐渐喜欢阶段。这时的商业讲师已经拥有了比较完善的课件，对自我的分析也已经结束，开始进入自我迭代与提升时期，主要做的工作是参加磨课会，继续打磨自己的课程，使之更加完善。

第六，期待阶段。这时的商业讲师对自己充满信心，开始期待正式的授课。处于进入市场的预备阶段，主要做的工作是经受内部评审的审核，为出师讲课做最后的准备。

第七，激动阶段。这时的商业讲师算是正式出师，进入市场的试讲阶段。这个时期主要的工作是开始对外授课。

第八，心急阶段。这时的商业讲师虽然已经对外授课，但因为初期授课量不多，一般会比较心急，想要获得更多的讲课机会。进入初期讲课阶段，老师主要做的工作是外宣传播，扩大自己在行业中的影响力。

第九，专业、自信阶段。这时的商业讲师已经可以熟练地对外授课，找到了自己擅长的授课方向，进入逐渐成为成熟老师的阶段，主要做的工作是精准营销，逐步往产品升级、品牌升级方向进阶。

上面就是商业讲师大致的成长过程，你可以对照图2-14，找出自己目前属于哪个阶段，之后根据该阶段的特点，进行有针对性的调整和提升。

我在给很多老师做商业讲师的相关咨询时，都曾拿出过这张成长阶段图，让他们对自己所处的阶段进行定位，之后再一起分析他们遇到的问题。下面，我给大家讲几个我在工作时接触过的真实案例。

第一个案例，有个老师之前在金融保险领域工作，后来辞职做创业平台，他有丰富的行业销售经验，但是又不想把自己局限在金融保险领域，做某个行业的销售老师，而是想成为讲通用销售技巧的商业讲师，但是不知道具体该如何做。他的主要问题是没有找到自己当商业讲师的切入口，不知道如何把自己的销售知识进行系统整合，处于陌生迷茫的第一阶段。对于他的问题，我给出的建议是先做好对自己的定位，之后再做后续的其他工作。

想要做好定位，你要先问自己三个问题：我的市场在哪里？我的客户群体在哪里？我的价值如何实现最大化？之后便要逐步解决这三个问题。首先，要搜集市场信息，了解市场趋势。比如这个老师，他之前在金融保险领域工作，而这个领域在培训行业内占据了半壁江山，市场前景十分广阔。其次，要找到自己的客户群体。这个老师的专业能力特别强，而金融保险领域内的很多普通员工专业能力不足，需要依靠培训提高能力，所以这些企业就是这个老师的目标客户群体。最后，针对目标客户群体，使自己的价值最大化，让所有人都能从中获益。

解决完这三个问题，这个老师就能对自己做一个比较准确的定位了。他在之前所处的金融保险领域可以得到的培训机会很多，而在通用销售技巧领域机会比较少，而且他的专业知识不足，不能算是这方面的专家，如果在这个领域发展，虽然也会得到成长，但是因为大环境的限制，他不会拥有更大的市场，做久了就会备受煎熬，最终可能选择逃离或者彻底摆烂。他应该选择金融保险领域作为切入口，开始自己的商业讲师之路。

第二个案例,有一个老师,他的问题也出在了定位不清上。他之前在某家企业做 CEO,觉得自己什么都能讲,反而不知道讲什么好。我和他聊过后,根据他的专业能力和市场前景,推荐他讲阿米巴。因为当时阿米巴刚引入中国没多久,市场潜力很大,他又有这方面的专业知识,所以很适合以此为切入点。结果也表明,我给他的定位十分准确,他通过讲阿米巴的课程,现在已经成了阿米巴领域的头部老师之一,能做到一年 1000 万元左右的销售额,算是比较成功的定位案例了。

上面的两个老师都是因为不能准确对自己进行定位而变得迷茫,处于成长九个阶段中的第一阶段。下面,我们再看另一个老师的案例。

这个老师有 17 年的人力资源从业经历,曾在很多大企业工作,也曾做过企业的内训师,有比较丰富的授课经验。他辞职后不想做企业内训师了,而是想往商业讲师领域发展。在我们公司商业化训练营的帮助下,他明确了自己的定位,经过一段时间的授课后,他发现自己还有很多问题需要解决,所以特意来找我聊聊。

他说自己之前做内训师时,员工都很喜欢他讲的内容,得到的反馈也很好。他也曾到朋友的企业中讲课,得到的评价也很好,所以他对自己做商业讲师信心很足。但是,当他真的作为商业讲师给其他企业讲课后,发现学员对他的评价褒贬不一,有时候批评的意见更多,他感觉自己很难把握住客户的需求。虽然他对自己的专业能力和讲课能力依然自信,但是他不知道如何把自己的能力和客户的需求准确连接起来,让更多的客户认可他的能力。

现在,请你再看一下图 2-14,找到你认为的他目前所处的阶段。你找到了吗?他其实属于第三阶段:逐渐重视。这个阶段的老师需要重点学习教学能力，转变自己原有的思路。因为他之前一直是企业的内训师，授课方法、课程内容等都是针对一家企业的，造成他的课程内容不具备普遍性。有的企业和这家企业遇到的问题类似，那么他讲课得到的效果就好；有的企业和这家企业遇到的问题不同，如果他还讲同一种内容，得到的效果就会很差。而且，我通过他的叙述还发现了一个重要问题，那就是他对商业讲师应该具备的能力认知还不清晰，他认为的能力水平都是从他自己的角度得出的，完全没有从客户的角度思考过这个问题。

这类问题在很多老师身上都存在，尤其是之前做过人力资源工作的老师会更为明显。因为他们很早就在企业里接触过商业讲师，自认为很了解商业讲师，做商业讲师的话肯定不会有太大问题。其实不然，比如，有个曾经做人力资源的老师找我咨询定价的问题，我问他的想法，他说之前在企业时每次请老师价格都在3万~4万元，那么他自己的课程就定2.5万元吧。这就是典型的不懂市场的表现，也完全不知道授课价格由哪些内容组成，造成的结果就是他的定价全凭感觉，根本找不到合理的解释和说明。

此外，这个老师还存在一个明显的问题，也是处于第二个成长阶段的老师容易出的问题，就是自我识别能力不足。也就是说，他不能把自身能力和市场需要的能力做准确的对应，容易对自己做出过高的评价。

比如，我曾给一个老师建议，让他尽量不要给上市公司讲课，因为我对他的能力进行分析后，发现他和上市公司需要的能力不符，如果他去讲课，得到的效果肯定不会太好。当然，我是把他的能力和市场需要的能力进行对比后才得出了上面的结论，而不是凭自己的感觉和过往经验做出的判断。总之，只有增强自我识别能力，你做出的决定才会更加理性和客观，才能更符合客户的需求。

最后一个案例的老师，之前在公司做主管工作，但是他对采购的兴趣不大，比较喜欢的是 TTT 培训（Training the Trainer to Train，即职业培训师培训）。后来他有机会给一个做讲师的朋友当临时助理，跟着了解了一些商业讲师的内容。等他真正进入商业讲师行业后，发现自己有些眼高手低，听别人的课时觉得自己也能讲出来，但是真正开始做之后，发现自己根本做不出来像样的内容。比如，他之前听别人讲项目运作方法，看别人做的 PPT 内容，觉得没什么难度，上面的内容都见过，也都能理解。但是他去试讲过一节项目运作的课程后，发现企业对他的满意度不高，他也认为自己表现得不好，需要更多的练习和学习，但又不知道从何做起，所以来找我进行咨询。

我听完他的讲述后，发现他处于第二个阶段：自卑或自负。在这个案例中，他的主要问题是专业能力的欠缺。前文说过商业讲师的 PTB 能力体系，其中别人无法给你赋能的就是专业能力。就像我们上学后都学会了写字，但是只有写得好的才可能成为书法家，这就是专家和普通人的区别。如果你想从普通人变成专家，就需要思考如何才能做得更好，并进行针对性的练习。如果你也存在和这个老师一样的问题，那么你最需要做的就是加强自己的专业能力，成为行业内的专家。

我觉得无论是教学能力还是商业能力，你只要知道具体操作方法，之后配合培训机构去做就可以，而且也不用学得那么深入，会用就行。但是，你的专业能力一定要有理论做支撑，这部分内容你只能找行业内的专家进行学习，其他外行人是无能为力的。比如，这个老师喜欢 TTT 培训，想要在这个行业有所建树，那么他就需要找相关的专业课程进行学习，最好是能潜下心来学习两到三年的时间，才有可能成为本行业内的优秀商业讲师。

看完上面这几个案例，你肯定能发现它们有一个共同点，就是大家的问题基本都集中在前几个阶段，越往后发展，遇到的问题越少。这是因为刚开始做商业讲师时，老师们对定位、教学、商业化等还没完全搞明白，所以遇到的问题很多。这是很正常的现象。如果你能把问题在前几个阶段解决掉，那么你后面的发展就会比较顺利。

我们公司主要做的工作就是陪伴老师一同走过这几个成长阶段，帮助老师解决成长过程中遇到的各种问题。图2-15是新的成长阶段图，以我们这类中介机构的视角来看，商业讲师的九个成长阶段也可以划分为四个部分。

第一个部分是严选。我们公司会对老师的专业能力、教学能力等做综合的考察。为什么要设置这么多门槛呢？因为不是所有人都适合当老师。我们公司以前在严选阶段也犯过很多错误，选了很多专业能力不足的人当老师，导致公司和老师都付出了大量的时间和精力，但背后没有理论体系支撑，也就没法完成经验的转化，最终只能以失败告终。

第二个部分是细琢。通过严格挑选的老师都具备了比较强的专业能力，但是在教学、商业化等方面还有很多不足，需要在我们公司的帮助下调整、完善这些内容，通过内部的磨课会达成自我迭代与提升，最终进入市场的预备阶段。

第三个部分是猛推。在这个阶段，老师会被我们公司正式推向市场。首先，老师会有三天左右的试讲课时间，如果课程出彩，底下学员的反馈比较好，就说明老师已经完成了授课量"从0到1"的过程，可以顺利出师，进入下一个授课量"从1到100"的阶段。这时，我们公司也会配合老师的课程，通过十几种强力推广方法，帮助老师获

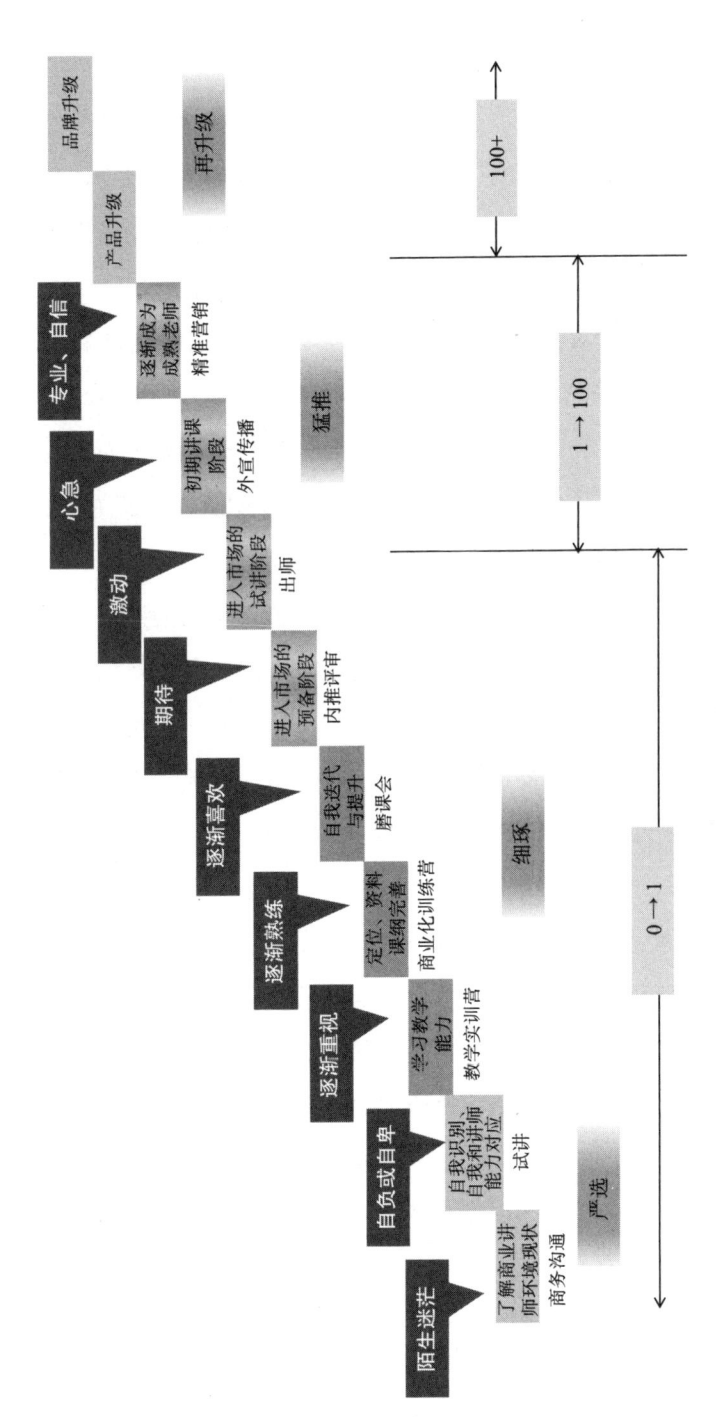

图 2-15 对商业讲师成长阶段的再次划分

得更多的授课量。

第四个部分是再升级。这包括对产品的升级和对品牌的升级，通过升级，达到授课量"100+"的阶段。这时的老师已经成为比较成熟的商业讲师，需要根据市场和客户的情况，在我们公司的帮助下，及时调整自己的课程内容，努力成为更优秀的商业讲师。

其实，我不建议老师接太多课程，一年讲课的时间最好不超过120天。因为老师需要天南地北地跑去讲课，对体力、精神状态等都有很高的要求，为了老师的身体健康，我们的建议是量力而行，不要超过自身负荷。有的老师会问，如果老师一年只讲100天左右的课，剩下的时间做什么呢？

其实要做的事情有很多。比如，你需要梳理自己的课程类型，根据今年讲课的情况，区分出课程里面的流量产品、盈利产品和发展产品。对于不同的产品类型，你要用不同的方法重新进行规划设计。其中，流量产品是你最需要重视的产品，可能讲一次流量产品的课就能帮你赚到200万元，会比其他普通产品带来的价值高出很多。

此外，你还需要对产品和品牌进行再升级。升级的方法有很多种，首先，你可以走量，通过打开客户量，提高你的产品收入。比如，有一个老师，他在抖音上卖自己的课程，其中一门单价399元的课程，半年多的时间卖了6万多单。其次，你可以走质，通过把产品内容做深做细，提高你的品牌效应。而另一个老师，他给客户讲一次课要价500万元，客户不仅同意了，而且课后还很感激他，因为他的这门课程就是针对这个客户进行的专属升级，所以内容完全适配客户的情况，得到的反馈自然很好。

当然，这里只列举了两种课程升级的方法，其实还有很多有效升级的方法，就不再一一赘述了。你不要盲目照抄别人的成功经验，而要根据你的产品和品牌情况，具体问题具体分析，根据自身特色选择适合自己的升级方法。

有的老师对梳理课程、升级产品或打造品牌等事很不在乎，认为应该先把现有的课程卖出去再说，讲完后如果客户觉得课程中有需要补充的内容，再对产品进行升级，之后还可以把改后的课程再卖给客户一次，这样就能赚到两份钱了，不是更好吗？

这个想法简直大错特错。这就像是我卖给你一个暖壶，但是忘了给你暖壶盖，告诉你如果想要暖壶盖，需要再收你一次钱。可想而知，这么做会非常伤害你的感情。正确的做法是，我今天卖给你一个暖壶，你用了感觉很合适，但是觉得喝白开水有点没味道，于是我又根据你的需求，做了茶壶，还搭配了茶叶，把它们一起卖给你，你收到后肯定觉得很开心，因为我满足了你的需求。

这和做产品、品牌升级的逻辑其实是一样的，这里我们把它当案例说出来，看似很轻松，但其实这是很多老师亲身经历过的血淋淋的事实。你要及时吸取这些老师的经验教训，不要让自己掉进和他们一样的坑里。

顺应市场，成为高商业化的商业讲师

商业讲师如何顺应市场

在目前的培训市场中，真正能称得上高商业化的商业讲师寥寥无几。我们公司出去发掘新老师，从筛选简历开始，中间经过试讲、签约、填写资料，到最终出师，几乎每个环节都要淘汰一半的人，折损率相当高。

在这之中，填写资料被公认是最难的一个环节，很多老师就卡在了资料上。我们公司曾经有一个老师，试讲一下子就过了，大家都觉得这个老师讲得挺好，马上和她签了协议。结果签完之后她的资料半年都没整理出来，是她对课程不了解吗？还是对要讲的内容不熟悉？或者是教学出了问题？其实都不是。在当老师满一年之后，她突然有一天自己想明白了这件事，她和我说，她做不出资料的根本原因是她没有想清楚商业讲师要做什么，也就不知道资料该如何准备。

很多老师在写资料或课程大纲的时候，根本没有一套清晰的课程逻辑，知识结构也没有搭建起来，自然做不出来客户想看的内容。所以，高商业化的老师一定具有清晰的授课思维逻辑，能够把自己的想法和内容通过资料表现出来。

随着培训行业的发展，客户的想法也发生了很大的变化。过去老师可以一招鲜吃遍天，靠自己的王牌课程就能吃饱穿暖，但是现在客户把课程内容领域划分得格外细致，要求老师能解决企业实际的问题，所以不能把所有问题都套到同一个内容里了。

我们公司在给老师，尤其是新老师做定位的时候，会先给老师找到一个切入口，之后帮老师准备至少五个主打课题。而且，这些课题一定是竖向的，不能是横向的，因为老师要在客户的细分领域里先打上属于自己的第一个标签，如果做的课题范围太广，就会造成课程识别度不高，定位就会模糊，客户就不容易找到老师。

通过上面的内容你肯定可以看出来，老师仅仅依靠个人，很难成为高商业化的商业讲师，老师可以找中介机构，也就是培训机构或经纪公司，来帮助自己改善资料、课程、品牌等。

成为高商业化讲师必备的五大特质

最受经纪公司欢迎的商业讲师的五大特质是什么？我们公司总结了成为高商业化讲师必不可少的五大特质（见图2-16），分别是品质交付优、商业资料全、商业化程度高、主动积极性强、协作支持度好。

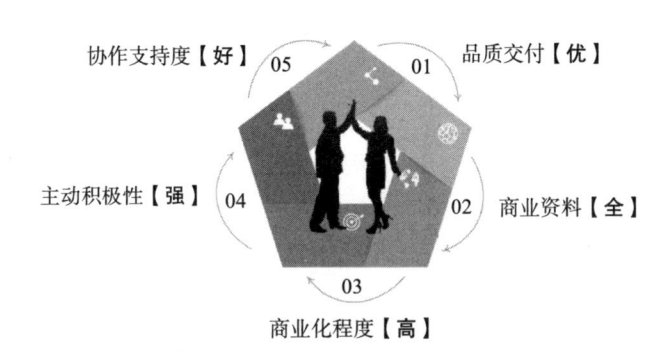

图 2-16 成为高商业化讲师必不可少的五大特质

根据这五大特质，高商业化的商业讲师一般要有如下表现：第一，课程的内容有深度；第二，在教学策略方面有设计，要有练习、思考的缓冲地带；第三，课后反馈沟通无障碍，无论是和学员的沟通，还是和培训机构、经纪公司的沟通，都不能出现太多明显的问题；第四，能够保持良好的授课状态；第五，有专业的授课表达能力，不能出课堂事故；第六，课程教材内容完整齐全；第七，课程内容时效性强，能及时更新数据、案例等信息。

这里尤其要注意一点，就是老师在做课程资料的时候，一定要从专业人士的身份里抽离出来。如果你只是往内容深度方面研究，大部分学员可能听不懂你的课程内容，会觉得你根本不是来帮他们解决问题的，而是来炫耀你自己的学识的。你可以在讲完课后，重新进入熟悉的专业领域，在内容上做精深的研究，以此支持你在讲课这条路上越走越远。

第三章
优秀商业讲师应具备的素养及遇到的挑战

- 优秀商业讲师不能缺少的能力——五星模型
- 如何考察商业讲师授课素养
- 商业讲师满意度不高的四大原因及解决方法
- 阻碍商业讲师发展的三个"大坑"

优秀商业讲师不能缺少的能力——五星模型

对于优秀商业讲师的标准，目前还没有形成一个统一的答案，每个人都有各自不同的评判方式。一般来说，机构或企业都是根据自己之前请老师的经验进行判断，但是这种方法很主观，而且不具有普遍性。我们公司曾经也是按照这种方法挑选老师，结果很多老师并没有我们想象中的那么合适，因此走了不少弯路，造成了很多损失。为了避免再次遇到这种情况，我们系统整理了之前挑选老师的所有经验，加上在培训市场进行的深度调研，最终形成了优秀商业讲师的五星模型（见图3-1）。

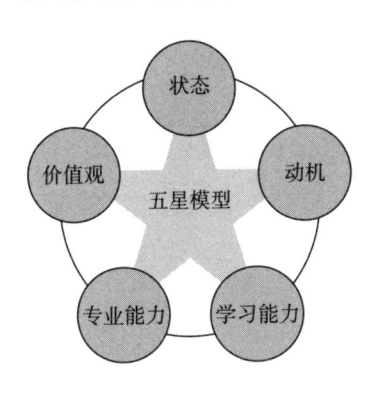

图 3-1 优秀商业讲师的五星模型

对于新来我们公司的老师，我们都会通过五星模型来对他进行判断，如果他具备上述要素，那么就说明他已经具有成为优秀商业讲师的潜力，没有选错行业，入行之后他进步的速度就会特别快；如果他不具备上述要素，其中某种或多种能力有所欠缺，那么我们就会劝他及时抽身，不要在商业讲师这个行业里继续坚持下去。因为他不适合这个行业，不仅自己做得难受，培训机构、经纪公司也会跟着难受，讲课效果不好，客户的需求得不到满足，也会很难受。与其让大家都难受，还不如及时止损。

状态

状态是指商业讲师呈现给学员的形象。状态很容易从商业讲师的授课过程中看出来，如果老师的状态是充满正能量的，那么学员也会感觉充满力量，更加自信乐观地面对困难。教育的本质就是燃烧自我，老师只有燃烧自己，把光明带给学员，学员才会从你这里获得源源不断的能量，课程的效果才能达到最佳。

老师在很多人心里是作为榜样的形象出现的。虽然商业讲师不是专业的学校老师，但也同样承担着老师的责任，也要时刻保有成为学员榜样的意识。如果你讲课时的状态是负面的，浑身都是负能量，即使你的课件内容很好，学员受到你的负面情绪的影响，也不会有积极努力的想法，你的课给企业带来的影响就是负面的。所以，一定要注意状态，讲课时一定要努力把正能量传递给学员和企业。

举个例子，我们公司有个老师就很正能量，他展现给我们的状态一直都是积极向上的，从来不会在讲课时说一些丧气的话，所以不论是客户企业还是我们公司里的人，大家都很喜欢他，也很愿意请他去讲课。前几年经济形势不太好的时候，很多中小企业也受到了影响，他去给这些企业讲课时，就会在其中穿插一些鼓励的话语，告诉大家只要坚持下去，努力改变，未来还是很光明的。他通过这种方式给企业和学员加油打气，让他们通过他的课程重拾信心，并把这种正能量带到日常的工作中去。

其实，不仅是客户喜欢这种正能量状态的老师，就连我也很喜欢找他聊天。每次我感觉自己的能量快消耗完时，或者是遇到很大的困难时，我就喜欢给这个老师打电话，约他来公司聊聊天。有一次我和他说我们公司的情况有点不好，我有点焦虑，他笑着对我说："你觉得自己的公司情况不好，但我知道行业内的很多公司，他们的情况比你们公司的更差，你这么一想，是不是觉得自己公司的情况其实还好？而且据我所知，他们都没你这么焦虑，还在努力往上走，你也应该和他们一样，放下焦虑，把注意力重新放到公司的问题上才对啊。"

听完他的话之后，我的心情确实好了很多，也能重新调整好自己的状态，继续努力去解决各种问题。所以，状态确实会影响到人们做事的心态，从而影响到事情最终的结果。客户请商业讲师的主要目的是解决问题，而不是增加焦虑。现在的经济形势有多么不好，数据有多少下滑，这些客观信息客户早就知道了，不需要你再传达一遍。他们需要知道的是在这种困难的情形下，如何用正确的方法和态度解决问题，提高工作效率。作为老师的你一定要站得更高一点、看得更远一点，不要一味地抱怨环境，而是努力让客户相信，虽然现在遇到了困难，但是他们并没有失去成功的希望，以此激发他们心中的能量，让他们在面对困难时能拥有更多前进的动力。

动机

动机就是你当商业讲师的原因。有很多老师在最初加入这个行业时，并没有考虑清楚这个问题，只是觉得当商业讲师挣钱多，就来当商业讲师了。这样的动机显得很功利，如果后面找到了更赚钱的工作，他们就会马上放弃当商业讲师，转向更赚钱的领域。

有一个老师就是这样。因为他在之前的公司里钱赚得不多，又听说做培训老师赚得多，便找到我们公司，说想当商业讲师，赚更多的钱。他确实很适合当老师，不仅课程内容丰富，而且课讲得也很出色，有做优秀商业讲师的潜力。于是，我们花费大量人力物力推介他，使他所在行业里面的大多数企业、采购员等都对他有了印象，知道在这个领域有这么一个优秀的老师。但这个老师没多久就辞职了，去了一家他培训过的企业当高管。我问他辞职的原因，他说因为这家企业给他的工资比当老师赚的多了不止一倍。我虽然觉得有点可惜，但还是马上放他走了。结果没过两个月，他因为和这家企业的老板观念不一致，且对企业坐班感觉到严重的不适应，所以又想回我们公司继续讲课。从这个例子可以看出，想赚钱这个动机不能算错，但也不完全正确，因为它带给人很多的不确定性。

我认为，如果想当好商业讲师，最重要的应该是你发自内心地喜欢老师这个职业，喜欢给别人"传道授业解惑"的过程，对当老师这件事有一种敬畏感。比如，我们有一个老师，他每次讲完课后都能激动很久，我问他为什么这么激动，他说他觉得当老师特别神圣，自己很喜欢当老师的感觉。所以他是发自内心地热爱和尊重这个行业，为了当好老师，他更加认真地备课，满怀激情地讲课，使自己全身心地投入培训事业中。

很多老师都有过类似经历：老师讲完课向台下鞠躬时，下面会响起学员热烈的掌声，甚至有学员上台给老师献花，并和老师拍照纪念。下课后，学员们对老师所讲的内容意犹未尽，围上来问老师各种问题，想要老师的联系方式，以便日后可以继续交流。很多人都和我感叹过，这样的经历真的太美好了，让人心潮澎湃，恨不得马上再接着讲十节课。

所以，如果你对当老师和培训本身很感兴趣的话，那么你一定会主动把课件做得更好，主动学习更多的授课方法，而不是赚到钱了就多做，赚不到钱就少做。这就是二者最大的区别。

此外，当商业讲师还要能够给你足够的满足感和成就感，让你有欲望和其他人进行分享和交流，愿意把自己的知识经验传给别人，帮助别人获得成功。这种动机也很重要。我开始当老师也是因为这种动机，我很喜欢当老师的感觉，也喜欢和大家交流分享各种知识，所以我毫不犹豫地选择培训行业作为我事业的起点，目的就是让大家都能从我的讲课中感受到快乐，并学习到有用的内容。

如果你能想明白自己为什么要当商业讲师，有了类似上面这种正能量的动机，你在这个过程中遇到任何困难时，比如不会做课程大纲、讲课方法老套等，就会怀着更积极的心态去学习和提高，而不会只是埋怨。保持这样努力的心态和行动，任何困难都会为你让路。就怕你是上面例子中提到的那种只把赚钱当作动机的人，做起事情来三天打鱼两天晒网，即使你在这个领域有一定的天赋，这种天赋也会被你来回反复的决定和行动消耗掉，最终让你失去赚更多钱的能力。

学习能力

目前的时代发展速度很快，知识更迭的速度也很快，如果没有很强的学习能力，你就会被行业内其他人超过，也会被听课的学员超过。老师能够站在台上讲课，一个重要的原因就是他和学员之间存在一定的"认知差",他知道很多学员不知道的专业知识和行业前沿信息。

作为商业讲师,想要获得"认知差",需要有很强的学习能力,这里的学习能力不是指上学时的那种单纯的读书能力,还包括思考能力、逻辑能力、自我更新能力等。你除了要让自己学会新的知识,更重要的是让下面的学员通过你的讲课也学会这些新知识。我们上学时的学习能力只针对自己,只要我们自己学会并能熟练运用就可以了。但是我们如果想当商业讲师,就需要把自己的学习能力进行扩展,要通过学习产生自己的理解。

以我为例,我因为学习知识的速度比较慢,读一本书要花很长时间,所以一般会多用几种学习方法进行阅读。学完一个知识点后,我会专门找个空闲的时间和自己对话,以这种形式让自己产生思考,如"这个知识点讲的是什么意思""我应该如何理解这个知识点""这本书为什么要这么讲这个知识点""我应该用什么方法把这个知识点讲给学员听""学员会如何理解我讲的这个知识点"等等。通过对话让自己产生思考,不仅思考如何自我消化知识,也思考如何把学会的新知识教给学员。

除了自我消化知识外,我还会把阅读时遇到的问题和行业内的其他老师进行分享和交流,通过与他们的对话,我可以从另一个角度看待这个知识点,获得更多的思考机会。有很多专家型的老师喜欢自己埋头研究,不愿意和他人分享,怕自己不如别人或者被别人超越。其实这种担心完全没有必要,只要你把关注点都放到知识点上,把交流当作解决问题的一种方法,就不会过多关注自己的面子,而失去提高学习能力的好机会。

提高学习能力的方法有很多,除了上面提到的我常用的方法外,你还可以阅读行业内的相关书籍或最新资讯，通过自学的方式来提高自己的水平。具体要选择哪种学习方法，主要看你平常的学习习惯如何。你觉得自己适合哪种方法，就选择哪种，只要能真正有效提高你的专业能力，能够产生好的效果就可以。

专业能力

商业讲师的专业能力很重要，因为我们主要的工作就是为企业和客户解决问题。我在和老师谈到专业能力这个话题时，一般都会问下面这几个问题：你在这个领域内有没有获得过什么成就？对目前的行业现状你的思考是什么？你知道目前行业内的大多数企业面临什么样的问题吗？你知道要给学员讲哪些内容的课程吗？你知道学员的问题大多出在哪些方面吗？

根据老师对这几个问题的回答，我就能对他的专业能力有大致的了解。很多老师的专业能力很强，而且条理清晰，讲起这些问题来滔滔不绝。但是有的老师在面对这几个问题时，支支吾吾说不出自己的看法，最后只能求助我，让我帮他收集一下客户需要解决的问题。我一听这话，心都凉了，这只能说明他没有多少专业能力，只能算是伪专家，或者是经验主义者，肚子里没有一点干货。遇上这种类型的老师，我一般谈过话后就会劝他暂时不要当商业讲师，因为他还不具备商业讲师的专业能力。

价值观

如果老师前面四个方面都很好的话，那么他在价值观方面也不会太差。价值观不仅会在商业讲师的课堂中体现出来，更会从他的日常行为中体现出来。

商业讲师有作为老师的属性，所以一定要更加注意自己的价值观。比如前文提过的赚钱问题，就能体现出老师的价值观如何，是只顾自己的利益，刻意低价；还是让所有人都获利，达到价值的最大化。这些做法能体现出老师的价值观是否正确。此外，价值观还体现在老师是否自私、是否以自己为中心、是否固执不认错等方面。老师如果拥有正确的价值观，那么无论是在与企业、学员的交流中，还是在与培训机构、经纪公司的合作中，都能保持自己的底线，不会被轻易影响。有时甚至反而会影响到对方，让双方能以更加和谐平等的状态进行沟通交流，最终达到合作利益的最大化。

上面就是判断优秀商业讲师标准的五星模型的具体内容。下面，请你结合自己的实际情况和目前状态，给自己这五个方面的素养打个分，并填写在下面的商业讲师素养自测表里（见表3-1），看看自己目前正处于哪个层级。

表 3-1　商业讲师素养自测表

维度	所处层级（高、中、低）
状态	
动机	
学习能力	
专业能力	
价值观	

你也可以根据这个自测表与行业内的其他老师做横向对比，看看自己目前在市场中所处的位置，分析一下自己有哪些优势，与别的老师还存在哪些差距，进行一个全面的总结。

如何考察商业讲师授课素养

商业讲师想要变得优秀，获得更多认可，就需要特别关注自己的授课量情况，也就是下面这三个关键指标，分别是需求转化率、课程出彩率和机构返聘率（见图 3-2）。

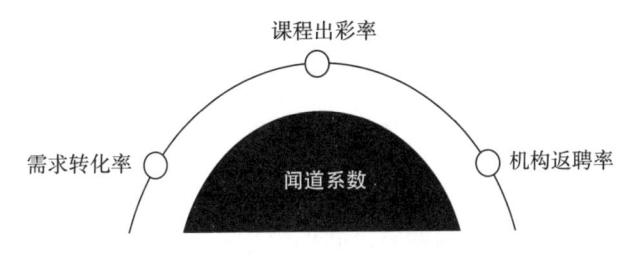

图 3-2 商业讲师授课量评估标准

很多老师都觉得自己上课很认真，平常备课也很积极，为什么授课量还是那么少呢？我们公司也有很多老师会问我这个问题。为了帮助这些老师解决授课量少的问题，我们公司总结归纳相关内容后做出了闻道系数，也就是图 3-2 中的授课量评估标准。老师们通过分析闻道系数中的三个指标，就能知道自己授课量少的问题具体出在哪里了。

需求转化率

想要提高需求转化率其实很简单，就是看老师有没有明确的需求，培训机构或经纪公司有没有给出合适的解决方法。如果一个老师说自己没有需求，或者不清楚自己有哪些需求，那么肯定是培训机构或经纪公司做事不到位，这时培训机构或经纪公司就需要和这个老师进行沟通交流，了解他目前的情况。

比如，有的老师说，我没有需求是因为我觉得自己的课程内容不好、销售简历不好，哪儿哪儿都不好，所以不敢提需求。对这个老师提出的问题，我们就会有针对性地配合他把课程内容调整好、把销售简历完善好，这样他就会对自己有信心，自然也会对授课安排产生需求。根据我们的观察，一般老师有一定量的需求后，上一节课往往能有10%左右的转化率，如果没有达到这个标准，就说明老师的资料没有成交性，中介机构没有给老师应该有的助力，老师的能力被人为地打折扣了。

我一直认为，只要问题能被发现，最终就都能被解决掉。老师的需求问题也是如此，如果老师已经讲了很多堂课，但是都没有转化成相应的需求，说明老师的能力还有很大的提升空间，我们需要根据出现的问题进行有针对性的调整。我们公司有一个重要的工作，就是帮助老师通过提升能力达到提高需求转化率的目的。

如果老师的情况是有需求但没有转化率，那么我们就会和他一起进行分析，看看是哪些地方做得不好，哪些地方需要再做提升。比如，有个老师的问题是资料写得比较粗糙，个人介绍和课程大纲不符合客户的要求，没有突出个人特质，让客户找不到重点。针对这个老师出现的问题，我们会找出一份他所在行业的授课量较多的老师的资料，和他的那份资料进行对比，让他看看自己在哪些方面出了问题。之后，我们会和他一起讨论如何解决这些问题，并给他提供一些实用的改进方法，以此增强他的资料的商业化程度，帮助他把需求转化率进行有效的提高。

需求转化率是商业讲师授课量评估标准中的第一项内容，是老师在正式讲课前需要重点关注的指标，与老师讲课的实际效果等内容关联不大，所以在对这一指标进行提升时，只用重点关注老师自身的需求及其转化率就可以了。

课程出彩率

课程出彩率，主要体现的是商业讲师的授课情况。在我们公司，一般老师的课程出彩率都能在 85% 以上，甚至能达到 90% 以上。如果没有达到 85% 这个标准，就说明老师的课讲砸了，没有达到预期的目标。

在培训机构或经纪公司的帮助下，大部分老师都能达到这个标准。当然，也有老师的课程出彩率没有达到预期，和这些老师进行交谈后我们发现，原因主要是不聚焦、没内容、讲不透和情商低，导致客户企业和学员的满意度不高，课程自然很难出彩。

想要提高课程出彩率，老师需要提高自己课程内容的质量，完善自己讲课的方式方法，尽力让客户企业及学员满意。当然，这并不容易做到。关于如何提高商业讲师满意度的问题，我们会在下一节中进行更为详细的讲解和说明，这里就暂时不做展开了。

机构返聘率

机构返聘率，是指某企业或机构指定同一个老师进行培训授课的频率。机构返聘率主要和课程出彩率有关，如果老师的课程内容丰富，讲得也很精彩，获得了企业和学员的一致认可，就说明他的产品做得出色，那么就有极大概率被再次邀请到该企业授课。

这个指标也是培训机构或经纪公司考察老师能力的重要指标之一。通过这个指标，中介机构能比较客观地分析和看待老师的讲课情况，并根据这个情况来为老师制订适合他的改进方案，帮助他调整课程内容和讲课方式，以便更好地服务企业，最终有效提高机构返聘率，达到增加授课量的目的。

商业讲师满意度不高的四大原因及解决方法

上文提到过，商业讲师的课程不出彩，主要原因就是不聚焦、讲不透、没内容和情商低，造成客户企业和学员对老师的满意度比较低（见图3-3）。

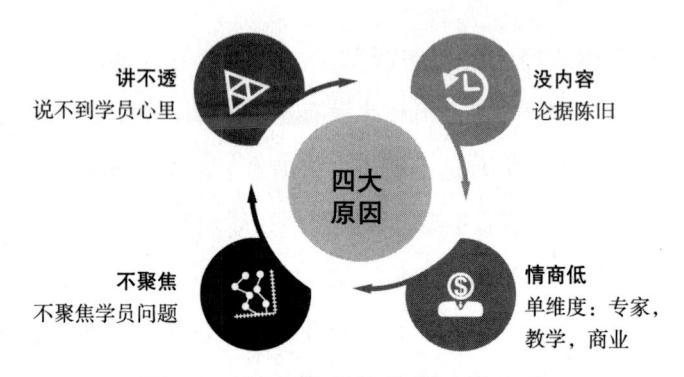

图3-3　商业讲师满意度不高的四大原因

下面，让我们来逐一分析一下这四个原因，看看应该用什么方法解决这些问题，才能有效提高老师的满意度。

不聚焦

老师的课程内容不聚焦，造成学员听不懂，不明白培训的意义，不知道为什么要跟着老师进行学习，学员自然不会对课程做出比较高的评价。

举个例子，我曾经认识一个很厉害的财税方面的老师，他门下的得意弟子特别多，并且他的这些得意弟子中有很多人也在给企业讲课，并受到了企业的欢迎。但是，轮到他讲课时，得到的效果就没那么好了，很多企业对他的课程评价都不算太高。他对这个现象很困惑，就来找我咨询。一般老师讲完课后，学员都会主动上来问老师相关的问题，或者加老师的微信，最后还要一起合影留念。但是他讲完课后，连掌声都是稀稀拉拉的，结束后大家马上就走了，没有人上来问问题，更没有人想拍照留念。他很无奈地说道："我之前教出了那么多优秀的学生，他们去企业讲课都很受欢迎，为什么我讲课的效果那么差呢？"

现在请你也思考一下这个问题，作为财税方面的专家，为什么他能教好学生，却讲不好这种商业类型的课程呢？原因很简单：他没有做好课程的聚焦，没有把课程重点凸显出来。企业请他讲课，肯定是想解决问题，学员都是该企业的员工，最想知道的肯定也是企业出现的财税问题如何解决。但是这个老师到企业后，讲的都是很专业的财税知识，并没有具体的针对这家企业的解决方案。他把讲课的重点都放到了凸显自己的专业知识上，但是学员并不想成为财税专家，他们没有听到自己想听的内容，自然对课程不满意。

讲不透

老师因为教学能力不足，讲不透内容，不能把知识有效传递给学员，走不进他们的心里，造成现场死气沉沉。在这种课堂环境下，学员就容易对老师产生厌烦情绪，因此对课程的评价不高。

在我看来，老师教学能力不强，讲不透内容，主要原因就是他的互动交流能力弱，带不起来课堂的氛围。有一些比较优秀的商业讲师，他们在讲课时会格外注意和学员进行互动交流，努力把学员的情绪都调动起来。这样学员学习的主观能动性就会得到增强，对课程的内容吸收得更快，在课程结束后更愿意主动进行改变。

对我而言，我更喜欢和大家面对面地交流，而不是上网课或者录视频课。网课或视频课取代不了现场授课的互动和交流，在现场环境中很容易产生新的创意想法，很多意想不到的观点会彼此碰撞出新的火花，促使学员的思维变得更加活跃。这就是我一直强调的现场教学的意义所在，只有在授课现场，才有可能产生这种效果。

没内容

培训课程的内容没有新意，观点老套陈旧，其中大多数是在网上可以搜到的内容，如果老师讲的都是类似这种老掉牙的东西，自然吸引不了学员的注意力。

现在的学员大多是"90后""00后"，他们接触网络的时间更久，吸收的新鲜知识更多，因此老师需要花费更多的时间完善自己的观点，提炼总结出新的内容，这样才能把他们的注意力吸引过来。

有的老师对此会有疑问：想要创造出新的观点很难，现在行业内大多数企业认可的都是那几种主流观点，自己很难讲出新意。对于这个问题，我的看法是：创造新的观点确实很难，只有少数行业内的大师才有可能做到。但我们不能放弃，而是要把创造新的观点作为我们的长期目标，即使现在达不到，也要向着这个目标一直努力。

在刚开始做商业讲师时，老师讲的一般都是行业内流行的观点，这当然没有问题。但是讲的时候你要对这个观点有自己的看法和解读，不要完全照抄课本或者知名大师的解读，要让学员听到一些不一样的内容。如果你能结合客户企业的实际情况，在解读观点时加入和企业相关的内容的话，学员就会被你的课程吸引住，觉得你讲的内容对他来说很新鲜，和他之前了解到的观点不同，是网上找不到的新内容。这也算是一定程度上的创新，坚持这么做下去，你的课程出彩率就会越来越高，客户对你也会越来越满意。

如果在课程中加入新的解读或看法对你来说还比较困难的话，那么你可以先从加入新的案例做起。这些新的案例是网络上搜索不出来的内容，是通过总结你自己的亲身经历而提炼出来的。这些案例其他人肯定没有，这就是你的课程能够出彩的重要法宝。

当然，如果你是一个新入行的商业讲师，还没有多少相关经验可以总结成案例的话，那么，你也可以引用一些知名的案例，但是要对这些案例进行全新的解读。也就是说，在解读知名案例时，不能把行业内著名大师对这个案例的解读一股脑放上来，而是需要有你自己的理解，讲出你自己的观点，这样也可以让学员对老问题产生新的思考，有新的解决思路。

情商低

如果老师的情商比较低，不会说话，就容易因为说错话而造成客户企业的不满，让他们对这个老师产生负面看法。

我认识的一个老师就因为情商低，好心办坏事，把客户企业给得罪了。有一次他受邀到企业讲课，企业因为他是行业内的知名专家，就把自己的很多客户也邀请过来一起听课。结果他讲着课就开始跑偏，说他认为这家企业目前存在各种问题。组织也有问题，系统也有问题；这里也有问题，那里也有问题。他说了一大堆企业的问题。底下的企业负责人刚开始还挺开心，后来脸色变得越来越难看，下课后马上找到老师，对他表达了强烈的不满，因为他这一讲，使企业在客户那里留下了特别不好的印象。更重要的是，他讲的这些问题和他那天要讲的课程内容并没有关系，完全是他自己的临时发挥，结果给客户带来了很大的负面影响。

所以老师到企业讲课时一定要注意做好事前沟通工作。即使企业确实存在这些问题，也不要在课上随意讲出来，而是应该在下课后找企业负责人单聊，把事情放到私下说。很多专家型的老师特别容易犯这个错误，因为他们是行业内的大咖，很容易就能发现企业存在的各种问题，抱着对企业好的想法，他们会在课堂上直接把问题指出来，而不管场合是否合适。虽然老师的出发点是好的，是发自肺腑地想为企业解决更多的问题，但是因为没有用对方法，企业不仅不会领情，而且会对老师印象变得很差。

此外，还有一种情商低的典型表现形式，也多出现在专家型的老师身上，那就是在讲课中过多地吹捧自己，贬低客户企业和学员的价值。比如，我认识的一个老师，他在行业内获得了很多的荣誉，在给企业讲课时很喜欢把这些荣誉都拿出来说一遍。而且他不仅喜欢夸赞自己，还喜欢拿这些荣誉和客户企业及学员做对比，把别人贬低得一无是处。结果可想而知，不仅客户企业不开心，作为中介的培训机构和经纪公司也不会开心，他的满意度肯定也不会高到哪儿去。这类老师想要提高企业对他的满意度，就必须时刻提醒自己，不要把关注度过多地放到自己身上，而是要把客户放到第一位，讲课时要以解决企业的实际问题为主。

有关老师情商低的问题，作为培训机构和经纪公司，我们只能提醒老师注意这方面的问题，想要真正有所改变，还是需要老师自己多努力，在日常生活中有意识地提高自己的情商，这样才能有效地解决这个问题。

阻碍商业讲师发展的三个"大坑"

每一个商业讲师肯定都希望自己的前路畅通无阻，或者希望自已能够像古代勇猛的武将一般，过五关斩六将，在行业市场中自由驰骋。这种愿望当然是美好的，但现实是残酷的，商业讲师在成长过程中会遇到各种各样的问题，其中有一些问题是致命的，会对老师的职业生涯造成毁灭性的打击。

很多老师看到这里肯定会很紧张，觉得这些问题产生的后果这么严重，自己万一遇到了怎么办？其实你大可不必这么担心，因为据我观察，只要是做了一段时间商业讲师的人，基本都会遇到致命问题，而且遇到的问题很常见。打个比方，负责生产的人最关注的是成本问题，负责财务的人最关注的是收付款问题，负责人力资源的人最关注的是人才问题，等等，这些问题都算是常遇到的职业化的问题。

通过对老师们遇到的问题进行分析和整理，我们公司总结出了三个对老师可能产生致命打击的问题，也就是阻碍商业讲师发展的三个"大坑"，分别是心力不足、合作瓶颈和专业陷阱（见图3-4）。

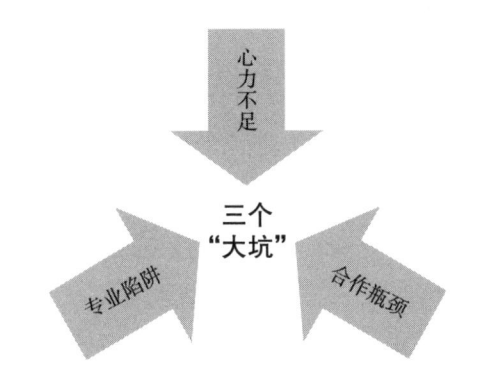

图 3-4　阻碍商业讲师发展的三个"大坑"

心力不足

这种情况一般发生在过度追求授课量的老师身上。比如，我们公司的一个老师，他曾经在 55 天里讲了 45 天的课，等他来找我的时候，我发现他和之前相比瘦了一大圈，精神状态也不是特别好，一看就需要马上休息。因为讲课需要消耗老师大量的脑力和体力，他们就很容易出现心力不足的情况。

心力不足带来的最明显结果就是安全感的消失，缺乏心力的人会变得敏感多疑、疑神疑鬼。比如，有个老师在讲课时谈笑风生、口若悬河，但是在给我打电话时，说到激动处甚至会哭出声来，觉得自己很孤独，也没人能理解他，这就是典型的心力不足的表现。我根据他的情况，马上给他安排了一个长假，让他有时间充分地恢复和补充能量。果然，他放假回来后像变了一个人一样，精力充沛而且充满自信。

此外，还有一个恢复心力的好办法，就是多交走心的朋友，多和他人产生情感上的交流。你可以多交往一些能够和自己沟通情感、诉说心情的朋友，通过与他们的交流来提高自己的心力，使自己保持身心的健康。

合作瓶颈

很多人当了商业讲师之后会慢慢发生改变，其中最明显的就是不愿意和别人进行合作了，更愿意自己单打独斗，把其他所有人都当成竞争对手。究其原因，主要是这些老师想要追求做本行业里的唯一，想成为顶峰上的第一人。

这个问题一般到商业讲师变成熟后才会出现，刚开始入行的新老师一般不会有这个问题。新老师反而希望和其他老师进行合作，也会积极地参加各种行业内老师的聚会，期待和其他老师一起探讨问题。但是，他们做商业讲师几年之后，就会慢慢远离这些聚会，即使碍于面子参加了，也会三缄其口，尽量把自己的存在感降到最低。

我对此深有体会。我之前组织过很多次行业内老师的聚会，刚开始时老师们都很积极地参与，在聚会上也都畅所欲言，讨论气氛十分热烈。但过了几年之后，我再组织类似的聚会时，发现主动参加的老师少之又少，即使是参加的老师，在聚会上也大多只是默默喝酒，有的老师抛出来一个问题，也无人应答，现场气氛十分尴尬。后来，我私下问过一些老师，他们为什么不愿意在聚会上说话，他们给出的原因不外乎两种：一种是怕自己说错话，在其他老师面前出丑；另一种是怕自己说得太好，观点被别人抄走。而且，大多数老师都是因为第二个原因不开口的。

可能很多人会觉得这些老师过于自信了。其实，我是有一些理解这些老师的，他们的担忧不无道理。因为培训行业的现状就是门槛低、台阶高，也就是说，进来很容易，但要做到优秀很难。所以，这些辛辛苦苦搞专业研究的老师，肯定不愿意自己的成果随随便便就被别人抄走，他们在聚会中的表现也就不难理解了。

另外，不同的老师有着不同的研究方向，用到的理论也不一样，其中有些理论和内容还会彼此冲突，所以这些老师之间也很难达成合作。这些老师虽然不愿意和行业内的老师有过多交流，但是他们也不是完全不愿意分享。我就遇到了很多愿意和我分享知识成果的老师，因为培训机构或经纪公司属于第三方，既不属于客户企业，也不属于同行对手，所以和老师之间并不存在竞争的关系。他们和我聊天时就没有什么负担，也很愿意找我倒倒苦水、抱怨抱怨行业现状。

对于合作瓶颈的问题，目前还没什么好的解决方法，只能希望老师在授课之余多关注一下这个问题，不要使这个问题阻碍自己的职业发展。

专业陷阱

这是很多老师会犯的错误，也算是一种思维逻辑陷阱。我先给大家举个相关的例子。

我们有一个讲组织化特别专业的老师，他前一段时间来我们公司谈事，正好遇到我们公司的一个客户拖欠我们的账款，本来应该一个月内付清的，结果都两个月了还没完全付完。他知道了这件事，就对我说，想要解决这个问题很简单，我们可以专门设计一个付款的流程，这样就不用再亲自去催客户付款了。他的方法确实有用，流程设计肯定也能实现，但我们最终还是没有采纳这个方法，为什么呢？因为他的这个方法完全没有考虑成本的问题。如果我们想设计这个流程，就要花费大量的成本费用，这样一对比，我们决定还是用原来的方法。

这个老师就掉进了专业陷阱里，完全在用自己的知识体系应对所有的事情。时间久了，他就容易形成坐井观天的思维模式，认为自己的知识体系可以用到任何事情中，而不会和外面的实际情况相对应。其实，这种知识体系在老师所在行业内使用是完全没有问题的，但是如果放到行业外使用，就很容易出各种问题。

出现问题的时候，往往也就是老师发现专业陷阱的时候。因为这时有人就会提醒你，你的方法对他不管用。你就要提高警惕，认真对待这个问题，在他们的帮助下揪出这个专业陷阱，并及时填补上。这样你的思维方式就会越来越完善，也就不容易再出现类似的问题了。

另外，老师在和客户企业合作的过程中会遇到各种各样的情况。我们经过调查，发现商业讲师一般还会遇到以下挑战：在合作时遇到来自客户的诱惑、客户对满意度的反馈情况不如预期、与客户及中介机构三方沟通不顺畅、需要现场临时调整内容、讲砸课、机构没有及时回款、定课无故取消、客户需求急或需要临时救场、拒绝销售员的要求、对自我发展的预期管理过高等等。其中，有些情况可以避免，但还有很多情况无法避免，只能通过老师的临场应变能力进行随机处理。

第四章

产品力——商业讲师
如何打造爆品课程

- 产品力的五大关键
- 如何设计出一门好的商业课程
- 商业讲师课程商业化十步走

产品力的五大关键

如前所述,在三力模型中最重要的就是产品力,它是讲师商业化的基础,只有产品好,讲师才能把自己推向市场,被更多的人认识。商业讲师想要提高产品力,就要从五个关键点出发来修改和调整自己的产品。这五个关键点分别是:产品内涵、产品价值、产品矩阵、产品创新和产品市场(见图4-1)。

1	商业讲师的产品内涵
2	商业讲师的产品价值
3	商业讲师的产品矩阵
4	商业讲师的产品创新
5	商业讲师的产品市场

图 4-1 商业讲师产品力提升的五个关键点

这几个关键点的重要性是一样的，对老师来说缺一不可，它们共同构成了具有商业化性质的产品。举个例子，我们买到的大多数产品，其实都不算是单一产品，这些产品除了本身的内容外，一般还会有外包装、品牌设计等附加内容，它们组合在一起，才构成了一个完整地呈现在我们面前的产品。所以，老师一定不要认为产品很简单，只是一些有关课件的内容，其实还包括很多其他相关内容，比如产品矩阵、产品创新等。下面就让我们来一一认识它们。

产品内涵：产品力三大内容缺一不可

前文讲到商业讲师的三力模型时，曾经提到过产品力的内容，这里再做一个简单回顾。商业讲师的产品力包括三个方面的内容，分别是老师素养、教学策略和课程内容（见图4-2）。

老师素养　　教学策略　　课程内容

图4-2　产品力的三部分内容

其中，老师素养指的是老师本身的素质能力，除了已经提到过的内容外，老师素养其实还体现在很多微小的、不引人注目的地方，很容易被大家忽视。比如，老师的普通话水平如何；老师是否能配合企业做出让大家都听得懂的课程内容；或者老师是否注意自己的形象，保持仪表整洁，给客户留下一个好印象。教学策略，指的是老师在课堂上使用的教育教学策略，老师要能带动课堂气氛，调动学员的积极性。课程内容，指的是老师准备在课堂上讲的内容，这个内容不是随便准备的，而是要根据客户的类型进行选择。

有个老师曾经问过我这么一个问题：如果我的产品只具备这三点中的一点或两点，能不能算商业化产品呢？当然不算。他又马上问我：如果一个产品缺少课程内容，只有老师素养和教学策略，还能是产品吗？答案是肯定的，这个产品属于教练型产品。这种类型的产品可以没有课程内容，只要把教学策略做好，让学员自主发挥就可以了。

如果一个产品只有课程内容，没有教学策略，那么它就是一个专家服务型的产品。也就是说，这个产品只给客户提供专业建议，不管客户是否能通过产品内容获得改变。如果一个产品既有教学策略，也有课程内容，但是缺乏老师素养，那么它一般会以线上课的形式出现。这种类型的产品目前比较多见，因为对老师素养的要求没那么高：老师可以反复调整修改录制效果，这样做出来的内容就会比较完美；老师不用考虑课堂临场表现，也不用面对学员突发的提问。很多老师都喜欢这种授课方式。

总之，对于想当商业讲师的老师来说，你的产品如果缺了产品力三大内容的其中之一，就不能算商业化的产品了，而只能算教练型产品或专家型产品。这两类产品虽然市场上有很多，也可以卖钱，但它们的商业化属性都很低。有的老师对产品力的商业化运作不是很在意，觉得自己能达到行业内的及格水平就可以了，不需要对此太过重视。还有的老师很重视教学策略和课程内容，但是对于自身素养就比较忽视，觉得对其影响不大。这些观点都是对产品力的误读，会给客户留下特别不好的印象，比如下面的例子。

有一个老师，之前在国内某高新科技企业做高管，专业能力毋庸置疑，他自己也很自信，觉得一定能把课程讲好。后来我们给他安排了一节试讲课，他站上讲台之后，就跟变了一个人一样，身体开始止不住地哆嗦，说话也断断续续的。一节课讲下来，我们都不明白他想要讲的内容是什么，这无疑是一节失败的课程，他也觉得自己表现得太差了。为什么这个老师会出现这种情况呢？因为他缺乏教学策略，作为老师的素养也没有达到标准，所以站在讲台上才会紧张得说不出话。

另外一个老师也遇到了类似的情况，他的个人能力很强，曾获得过很多专业的奖项，得到过业内专家的认可。而且，他辞职前一直在公司里担任内训师，给很多员工都做过培训，所以他的课程内容已经比较成熟，员工对他的认可度也比较高。这样的老师按理说应该在产品力方面很强才对，但是这个老师当商业讲师之后，从客户那里得到的反馈特别不好。客户反馈的一个重要问题就是他的普通话特别不好，只能用方言讲课。因为之前他在家乡的企业中讲课，员工大多是本地人，所以听起来并不费劲。但是，当他作为商业讲师给其他地方的人讲课时，因为用的还是方言，别人就很难听懂他在讲什么，自然不会理解他课程的含义。

类似上面例子中的情况并不少见，很多专家级的老师都有这些问题。相比较来说，第一个老师的问题好解决一些，通过一些有针对性的培训和辅导，他应该就能得到极大的提高。第二个老师的问题就比较麻烦了，他需要去做专门的普通话练习，提高自己的普通话水平，这样才能去外地给更多的企业讲课。

当然，这两类问题还在可解决的范围内，下面这个老师的情况就比较难处理了。这个老师其他地方都挺好，但是他有严重的洁癖，不能和陌生人进行身体接触。他到客户那里去讲课的时候就会很苦恼，因为很多时候都需要握手，有时候遇到热情的客户，还会主动拥抱他。他做了一段时间商业讲师后，实在受不了这种接触，我就建议他改做线上课的老师，这样不用和陌生人接触也能授课。

这些都是老师在自身素养方面出问题的案例，还有一些老师容易在教学策略上出问题。比如，由于老师的课程逻辑性比较差，认知也有一定的偏差，导致他给客户讲课时很容易南辕北辙，讲不清楚重点。这类老师在给基层员工或中层领导讲课时还能控制住自己的节奏，不会太乱，但是给高层领导讲课时就会跑偏，因为他不能驾驭高层的知识和内容，在课程内容方面准备不充分，所以才导致课程效果很差。

还有一些专家级的老师虽然有一肚子的干货，但是讲不出来，或者讲出来没人愿意听。如果老师遇到了这类问题，就说明他的教学没有章法，虽然内容很好，但是客户并不买账，这也是不行的。老师需要改变自己的讲课方式，提高自己的讲课能力。

产品价值：产品对客户有价值，客户才会购买

产品作为价值的载体，是商业讲师实现商业目标和利润增长的关键要素。

对比三力模型中的销售力和品牌力，产品力一定是第一位的。假如把三力模型当作一个整体数字的话，产品力就是开头的数字"1"，销售力就是紧跟在产品力后面的"0"，品牌力是在销售力后面的无数个"0"。如果老师的产品没有价值，就相当于产品力为"0"，那么销售力和品牌力即使再强，也相当于在做无用功。

有一家很会做营销的公司，之前什么产品都卖，不管产品价值高低、质量好坏。在刚开始时，这家公司凭借高超的销售手段确实卖出

去不少产品。这引起了不小的争议，公司是应该什么产品都卖，还是应该卖那些有价值的产品呢？

其实很多产品卖不出去，主要原因就是它们的价值比较低，没有能够吸引客户的地方。如果公司什么都卖，客户受营销的影响买了产品，使用之后发现不像说的那么好，就会降低对这家公司的评价。以长远的眼光来看，这对公司的发展来说绝对是得不偿失的。后来这家公司也站出来做了说明，他们以后会把销售重心进行转移，以卖有价值的产品为主。

有人会说，现在是营销为王的时代，产品没有价值或者价值比较低没有关系，只要会做营销，能吸引到人，就可以把产品卖出去，而且能卖得很好。这样做确实能卖出去产品，但是就像上文说的那样，会对公司或个人的信誉等产生不良影响。没有价值的产品虽然可能蹭上市场的热点，并成功卖给客户，但是客户使用后就会发现产品的问题，下次肯定不会再选择这个产品了。这就造成产品只能卖出去一次，没有持续性。只有有价值的产品，才会一直吸引客户的关注，使客户产生复购行为。对商业讲师来说，就相当于客户听过你的课之后，因为你的课对他有价值，产生了正面的影响，他才会愿意继续请你给企业讲课。

而且市场的热点往往来得快，去得也快，即使你幸运地抓住了热点，后面也会随着热度的降低而马上降温。所以，老师最好不要把自己的关注重点放到追踪市场热点上，而是应该先把自己的产品做好，努力把产品的价值完全发挥出来。想要把产品价值发挥出来，首先你要明确下面这几点：

在什么场景下

给哪些群体

解决了什么问题

之后，你要能够根据客户的实际情况，把上面这几个点解决好。如果你的产品对客户有实际帮助，你对客户的影响力就会一直持续下去，客户再遇到问题时就会马上想到你。

比如，很多人在感觉累了的时候会选择喝一罐红牛，如果恢复精力的效果好，那么下次再遇到类似的情况时，他们还会继续选择喝红牛。因为红牛确实帮助他们恢复了状态，所以他们才会在第一时间就想到红牛。如果喝了没有起到作用，人们下次就不会再选择它了。老师面临的也是一样的问题，如果你的产品对客户没有价值，那么即使你努力去讲更多的课、见更多的客户，也不会有可持续的发展。

这里你还需要特别注意一点，那就是在做产品价值时，一定要给客户提供正价值，而不要给他们负价值。负价值，指的是产品内容不正确或是提供了错误的理念。客户花了钱和时间来听你的课，结果你讲得不对，和正确的答案相去甚远，不仅浪费了客户的时间，还把他们引入了歧途，这是最不能让人接受的情况。

你传达的课程内容往往会成为学员做事的根基，会在无形中改变学员的认知，甚至会影响学员的未来职业发展。作为商业讲师，你要拿老师的标准严格要求自己，不要认为自己随便讲讲就可以了，这是完全不负责任的表现。

如何将产品价值从商业化的角度体现出来呢？你需要做的很简单：首先，提出问题，也就是要主动发现客户存在的问题；其次，给出方案，也就是要通过方案使客户发生改变，得到好的结果。

比如，很多企业家会存在心态方面的问题，他们表现得很焦虑，对自己的未来发展感到迷茫，不知道路在何方。遇到客户自我感觉很悲观，你就可以通过课程产品让他乐观起来，帮助他厘清企业未来的发展思路，这对他来说当然是有价值的。

还有很多企业家在企业发展的过程中，会慢慢忘掉自己的初心，完全变成以挣钱为目的，这样很容易把企业搞垮。对于客户的这个问题，老师就可以通过产品告诉他们应该如何重新找回自己的初心，转变价值观，站在更高的角度去思考企业发展的问题，只有这样做企业未来才会发展得更强大。

如果老师可以通过课程成功改变客户的心态问题，让他们以更加积极乐观的态度面对企业发展难题的话，就说明老师的课程产品是有价值的，对客户来说是有很大用处的。

有的企业家存在的是认知方面的问题，他们认为只有对员工进行相当严格的管理，才能保证员工按时按质完成任务，甚至用管理军队的方法来管理企业，造成企业内部气氛紧张，人人自危。这样的认知肯定是错误的，作为老师，你发现企业家存在这样的问题后，就要通过课程告诉他们，现在真正有效的是人性化的管理，要以人为本，员工在轻松愉快的工作氛围中才能更快更好地完成任务。

与之相反的是，有些企业家崇尚"家文化"，认为要像对待家人一样对待员工，即使员工犯了错误，也不要用严厉的手段惩罚，而是要对员工无限包容，让员工在工作中能够处处感觉到家的温暖。这相当于走向了另一个极端，在家庭中，处于无限溺爱中的孩子也很难成才。中国有一句老话："没有规矩不成方圆。"所以，家长给孩子制定好规则，让他守规矩做事，在他犯错误时对他有一定的惩罚，做到奖罚分明，才能让孩子真正成才。老师发现企业家有这种认知错误后，就要给他们传播正确的认知内容，告诉他们怎么做是对的，是符合企

第四章 | 产品力——商业讲师如何打造爆品课程

业发展规律的，是能够有效帮助企业和员工成长的。

最近，我发现企业家还容易出现一种新的问题，就是企业目前用到的管理或营销方法已经过时，不能适应新的发展阶段的需求。随着社会的快速发展，企业的管理方法、运营手段、营销策略等都在不断变化中，可能前两年很流行的方法，现在即将过时，这给了企业家很大的压力，企业有时也会因为跟不上时代的发展而出现各种问题。这时，就需要老师根据企业目前的发展情况，通过自己的课程产品帮助企业及时更新方式方法，以便企业未来能更加顺利地发展。

举个例子，我之前做过很长一段时间的销售工作，当时做销售的主要方法是上门推销、电话推销、邮寄产品推销等。现在则完全不同了，企业更多用到的是微信推销、抖音推销等，大多是通过互联网的手段进行线上营销。如果企业用的还是传统的营销方法，那么很快就会因为跟不上同行的发展速度而被市场淘汰。企业如果想要摆脱被淘汰的命运，就需要老师用最新、最便捷的营销方法，提高销售效率，进而促进企业发展。比如，老师通过讲课告诉企业如何用抖音获得更多关注，如何把这些关注的人变成自己的客户，等等。这样老师通过找到企业出现的问题，并提供新的适合的方法，也相当于给自己的产品创造了价值。我们给它起了一个名字，叫作"新道法"。

还有一些企业是有了好方法，知道了原理，但是不知道该如何应用。遇到这种企业，老师的产品价值就是教会员工如何使用好这些方法，并熟练地运用到他们的日常工作中。比如，很多企业都看到了抖音的日活量，知道抖音营销很重要，也开了抖音的账号，但不知道应该如何运营，导致账号的关注度特别低，也很难吸引到新客户。老师这时要做的就是，先分析企业的问题出在哪里，之后针对这些问题给出合适的解决方案，并让员工进行不断的练习，带着他们学会应用这些方法。这样做对企业的帮助也很大，可以充分体现出老师的产品价值。

也就是说，老师可以通过最新的工具来帮助企业更新迭代。我们知道，在生产力和生产关系中，每次生产关系的改变都是由生产工具的改变引发的。比如，手机从最早的大哥大，到后来的小灵通，再到现在的智能手机，给人们的生活带来了极大改变。手机作为生产工具，从最早的简单通信工具，到现在成为集通信、社交、移动支付等功能于一体的多功能电子设备，完全颠覆了原来的生产关系，使我们进入新的生产关系和生产力配合阶段。

还有很多新的工具也能起到类似的作用，比如，原来企业财务人员都是用纸笔来计算工资和企业生产情况，不仅速度慢，而且十分容易出错。后来随着各种办公软件的普及，财务部门的工作效率大大提高，这些办公软件中自带计算公式，只要把数字准确填入表格，经过几个简单步骤，就能轻松算出各种数字，给企业节省了很多的人力资源和时间成本。

上面提到的就是老师在产品中体现价值的几种有效方法，也就是从"心、道、法、术、器"这几个方面来提出问题，并给企业提供合适的解决方案。其中，"心"是指心态，要帮助客户摆正心态，通过积极的心态来处理问题；"道"是指规律，要根据企业存在的问题，总结出真正的规律，给企业指出一条正确的道路；"法"是指方法，要给企业提供适合其现状的方法，给企业一个最好的选择；"术"是指练习，光有方法还不行，还要帮助企业进行相应的练习，让他们真正理解方法，并能在工作中熟练运用；"器"是指工具，要把行业内的最新工具或方法介绍给企业，让企业能够及时更新这些工具，不至于被时代淘汰。

想要让产品拥有价值其实不难做到，老师在实际操作过程中，可以使用我们上面提到的这几种方法，来完善自己的产品内容，根据企业的实际问题，做出有效的解决方案。

产品矩阵：丰富产品矩阵，赢利突破再突破

如果我们把商业讲师的产品进行分类的话，能够分成多少种呢？其实有很多。有的老师简单地认为，商业讲师的产品就是线上课和线下课。这种分类方法过于模糊，很容易把不同类型的产品归为一类。为了防止老师分不清各类产品的区别，我们公司特意总结出了商业讲师的产品矩阵，供老师进行参考和使用。

从图4-3中可以看出，商业讲师的产品主要可以分为以下几类：视频课、线上训练营、图书、线下课、多形式课程、线下训练营、顾问产品、辅导咨询和资源产品。这里需要特别注意的是，图中列出的优点和难点只是对单类产品本身的评价，而不是和其他产品的横向对比，千万不要人为地分出哪种产品好、哪种产品不好。

	视频课	线上训练营	图书	线下课	多形式课程	线下训练营	顾问产品	辅导咨询	资源产品
优点	边际成本低，有传播价值	不受空间限制，学费低	较强背书，具有传播价值	互动性强	互动性更强	互动性强	单价高	单价高	携带方便，不占地方
难点	公域运营难	私域运营难	内容编辑专业度高	授课时间受限制	授课时间受限制	费用高，招生难	成交难	单量少	需要资源深度配合

图4-3　商业讲师不同产品的优点和难点总结

第一种是视频课。视频课的优点主要有两个，一个是边际成本低，另一个是有传播价值；难点是公域运营难。比如，有个老师想在抖音上做视频课，那么他自己在家就可以做到，不用特意租场地，也不用买专业的设备，有一台能够录制视频的手机，会简单地编辑、制作视频就可以了。所以做视频课的成本很低，不用花太多的钱。课程做好后，就具有了传播价值，可以放到抖音上进行售卖。这时，老师会发现想把课卖出去很难，因为抖音上的课程太多了，想要从中脱颖而出，需要有一定的营销手段才行。

第二种是线上训练营。线上训练营的优点是不受空间限制，学费低；难点是私域运营难。比如，有个老师首先通过视频课积累了大量粉丝，之后开始做线上训练营，上一次课的学费大概是 399 元。如果是线下训练营的话，一次课的学费大概是 3990 元。一对比你就能看出来，线上比线下的学费会便宜很多。而且，线上训练营不受空间限制，只要凑够学员人数、定好时间，就能马上开课。但是，这种形式的产品比较难运营，因为受众主要是老师的粉丝，所以报名的人数一般不会太多，传播范围也十分有限。

第三种是图书。图书的优点是强背书，具有传播价值；难点是需要进行内容编辑，专业度高。有的老师做了一段时间的商业讲师后，觉得自己的内容特别好，如果整理汇总成一本书，自己的理论可以得到更加广泛的传播。另外，图书出版需要经过专业的审校过程，因此会具有比较强的背书功能。虽然图书的优点很突出，但是需要具有很强的专业能力，而且要有一定的内容编辑能力，你才能把自己的讲课内容转化成文字，编撰成图书。

第四种是线下课。线下课的优点是互动性强；难点是老师的授课时间容易受到限制，大多数情况下都不能讲完所有的内容。老师们最经常做的产品应该就是线下课了。线下课的互动性与视频课和线上训练营相比强很多，线下课堂一般会安排很多互动的时间，学员可以向老师提问，或者老师带领学员一起分析案例。通过互动，学员可以更加深刻地理解课程内容，以及具体的操作方法，授课效果一般会比较好。但是，线下课的时间不容易把握，老师很容易讲超时。尤其是在做互动案例或问答时，一不注意可能一两个小时就过去了，而这时老师可能还有很多重要的内容没有讲到。这是线下课最大的难点，也是老师很难避免的问题。

第五种是多形式课程。多形式课程的优点是互动性强，而且比线下课还要强很多；难点和线下课一样，也是老师的授课时间容易受到限制。多形式课程，顾名思义，会用到多种形式的授课方法，而不仅仅局限于传统的授课方式。比如，现在很多老师会使用沙盘教学或剧本杀，这样课堂的互动性就会更强。这种方式尤其受到年轻学员的欢迎，他们大多是"90后""00后"，本身就会对这种新鲜事物感兴趣，如果老师能把他们喜欢的方式和教学内容进行有机结合，那么收到的效果会比单纯讲课要好很多。多形式课程因为互动性更强，而且有的活动因学员能力的不同可能出现必须延长时间的情况，所以老师一般很难讲完全部课程。老师如果想解决这个难点，可以通过积累课程经验、总结规律来进行有效控制，把讲课的时间尽量把握在自己手中。

第六种是线下训练营。线下训练营的优点也是互动性很强；难点是课程价格比较贵，招生会比较困难，老师一般要靠自己来获得学员。比如，有一个老师，他已经讲了很多年的课，拥有了一定的粉丝基础，他就和我商量，想开一个三天两晚的训练营，之后根据这个训练营的授课内容，他专门去找了他的粉丝中适合这类课程的学员，问他们是否有兴趣参加。因为他的定位还算比较准确，成功招够了学员，使这次的训练营得以顺利开营。所以，这种产品适合有一定学员基础的老师来做，如果老师刚开始讲课，或者讲得还不太好，没有获得太多客户肯定的话，那么我的建议是暂时不要考虑做这类产品。等有了一定的积累后，再考虑开线下训练营。

第七种是顾问产品。顾问产品的优点是单价可以定得高一些；难点是比较难成交，容易被客户拒绝。顾问产品一般都是针对特定企业的，所以需要老师对客户有足够的了解，并能给出合适的解决方案，这样才能打动客户的心。

第八种是辅导咨询。辅导咨询的优点同顾问产品一样，是单价高，难点是单量少。现在，大多数企业需要的都是面对更多员工的普通培训课程，对辅导咨询类的课程需求相对较少。需要辅导咨询的一般是企业高层人员，只要是对自己有帮助的，他们可以毫不犹豫地掏钱，所以这类产品的单价可以定得比其他产品高一些。但是老师一般很难接到这类单子，所以这类产品比较冷门，比不上线下课等热门产品。

第九种是资源产品。资源产品的优点是携带方便，不占地方；难点是资源需要深度配合客户企业。资源产品，简单理解就是老师目前所拥有的资源，像管理系统、营销体系等都属于资源的范畴。当然，这些资源产品一般不具有很强的普遍适用性，所以不一定适合客户，老师需要根据客户的具体情况和遇到的实际问题，来调整自己的资源产品，以便更好地适配客户企业，发挥出资源最大的功效。

以上九种就是商业讲师经常用到的产品形式。很多老师都以做线下课为主，很少做其他类型的产品。想要当商业讲师，你就不能把自己局限在线下课里，而是应该以线下课为起点，逐渐往其他产品形式发展，最后形成属于自己的产品链。只有这样做，你才能提高自己的商业讲师价值，拥有更高的收入，获得更多的掌声。

想要打造完美的产品链，你要学会把不同的产品排列出先后顺序，组成适合自己的产品矩阵。我们公司曾经为一个老师梳理过产品链，使他的年收入达到了 1000 万元，下面就是我们公司为这个老师设计产品链的具体实施步骤，供大家参考。

首先，我们为这个老师挑选了线下课。 之前我们已经根据他的行业定位，给他制订了合适的营销策略，并对他的课程产品做了相应的包装和策划。在和他沟通的过程中，我们发现这个老师很适合讲线下课，他的试讲课很受欢迎。而且，他还有一个很大的优势，就是竞争对手很少。他当时在行业里的定位是给中小微企业讲如何做系统的转型升级，这门课程在当时很少有人涉及，大多数老师的课程都是比较单一化的，比如人力资源的转型升级、组织战略的转型升级等。所以，我们就大力推广了他的线下课。

其次，当这个老师的线下课已经有了一定的受众之后，我们就开始着手为他设计开发其产品链中的第二种产品：线下训练营。 想要做出合适的线下训练营，就要找出学员存在的问题。根据这些问题来制订相应的训练计划，才会吸引到这些学员，让他们主动参加训练营。所以，我们汇总了这个老师在线下课时遇到的学员问题，并根据这些问题引出学员的真实需求。

比如，有的学员听完老师的线下课后，觉得对自己大有启发，应该把这个内容讲给企业里的更多人听，并让他们运用到日常的工作中。这时就出现了一个问题，就是怎么把内容准确无误地传达给企业中的其他人呢？很多老板都不会讲课，他们听课时能理解内容，也知道该如何去做，但不知道怎么表达出来。还有一些学员，听完课后觉得内容很有用，但不知道应该怎么把这些内容和自己的企业进行结合，做出针对本企业的改造方案。

基于这些问题，我们和这个老师共同设计了线下训练营，课程内容完全是按照学员反馈的问题设计的，很有针对性，所以学员们大多愿意为此埋单。这个线下训练营不仅有专业的课程内容，还有实操方法，时间是三天两晚，价格是3万元一个人，其中一个人可以带上自己的两个团队来一起听课。这样问题就得到了很好的解决。

最后，我们为这个老师开发了产品链中的第三种产品：辅导咨询。线下训练营是为客户解决其需求问题，如果想要更进一步，老师就需要给客户提供超过他们预期的产品。如果你给客户提供的一直都是他们能预想到的产品，时间久了以后，他们就不会对你产生更多的兴趣。想要保持吸引力，你就需要给客户提供高价值的产品，也就是超出他们预期的产品。比如我们辅导的这个老师，在他的线下训练营大获成功之后，我们觉得还可以把他的产品链进行扩充，继续增加产品的种类。经过对他已有产品及个人特质的分析，我们发现他有一个很厉害的地方，就是特别会解读行业报告。他会根据不同的行业报告，分析出客户企业目前所处的位置，行业中的龙头企业有哪些，他们有什么特点，企业可以向他们学习什么，等等。

所以，在线下训练营解决完学员们的需求之后，他开始为学员们解读行业报告。比如，有一次他去给啤酒行业的一家企业讲课，讲完后他多花了一些时间，分析了一下啤酒行业的最新报告。根据他的分析，客户企业就知道了行业正在发生什么样的变化，未来行业的发展趋势有哪些，等等。因为他的讲课对象大多是中小微企业，这些企业在分析报告方面都比较薄弱，对行业情况了解得不全面，所以在这方面一直没有太准确的认知。而他的分析，让客户企业有了一种拨开迷雾的感觉，他们发现这个老师不仅能讲专业的系统转型升级的内容，而且还能帮助他们解读行业现状，把专业知识和企业实际结合起来，这一下子就超出了他们的心理预期。等以后企业遇到类似问题时，他们马上就会想到这个老师。所以我们根据老师的这个特点，成功给他制定了辅导咨询的产品。

做出超过客户预期的产品，也会让老师的价值得到最大化提升。比如，之前给啤酒行业的企业讲课时，这个老师一次的授课费用在四五万元。有家企业的老板参加了这个老师的线下训练营，听了老师对行业报告的分析后，他得到了很好的体验，认为老师又懂行业又懂专业，可以让他的企业业绩翻一番，于是当时就给这个老师开出了五六百万元咨询费的高价，请老师来给企业做专门的辅导咨询。

所以，在打通全部的产品链之后，这个老师的年收入达到了1000万元。如果老师还想继续提高自己的收益，那么就需要接着扩充产品链，给企业带来更多超预期的产品。这就是我们做产品链的基本逻辑。

总的来说，老师想要打造产品链，首先要有一个支柱型的产品，这个产品一定是你的王牌产品，能给你带来一定的粉丝基础；其次要有能够满足客户需求的产品，这个产品是根据客户的需求来制作的，客户能通过你的产品获得想要的内容；最后要有超出客户预期的产品，这个产品里要有客户之前想不到的内容，能帮助他们解决实际问题，同时也能提高你的产品价值。在培训行业内一般管这个流程叫作"一转二转三转"，一般到了"三转"的时候，老师能够得到的回报率就会特别高。比如，上文案例中提到的这个老师，他从收益100多万元增长到1000万元以上，主要靠的就是产品链。

这个例子中是用三种产品做成了产品链，其他老师千万不要因为这个老师取得了成功，就完全照抄他的产品链。因为他的产品链是我们特意根据他的专业定制的，极大可能不适合其他人。你需要学习的是制定产品链的方法。想要找到属于你的产品链，你首先需要把自己的受众体量通过产品做上去，比如，例子中的老师就用线下课这个产品成功增加了体量。其次，你要把产品做出深度，要知道客户的需求，并能给出完美的解决方案。最后，你要提高自己的产品价值，超出客户的预期，从更广泛的角度来制定产品。这样，你就能比较顺利地找到自己的产品链。

产品创新：创新有规律可循

时代在飞速发展，各行各业都在进行着各种形式的创新升级，培训行业也不例外，如果你不创新，马上就会被淘汰。很多老师都发现，现在的培训行业和之前相比有了很大的变化，以前老师的课程内容往往能用好几年，但是现在不成了。很多课程内容不到两年的时间就需要更新替换，如果不及时更新，那么以往受欢迎的课程也会变得卖不出去。

在对产品进行更新时老师要特别注意，不仅要对理论体系进行更新，也要对涉及的案例进行同步更新。比如，之前很多老师喜欢举摩托罗拉等企业的案例，现在看肯定不合适了，需要替换成新的更具有代表性的企业。

想要进行产品创新，老师可以从下面这两个方向进行考虑。第一个方向是创新导入，第二个方向是创新转化，得到的创新产品形式如图4—4所示。

宏观经济	党政知识	经营战略	金融资本	财税管理
营销销售	数字化	新媒体	管理素养	人力资源
生产物流	礼仪服务	演讲TTT	国学养生	法律风险
危机公关	项目研发	行政办公	创新专利	银行类

图4-4　商业讲师的产品创新方向

首先看创新导入。创新导入一般是指在原有产品基础上加特定的场景。比如，有个老师以前的课程内容是战略管理，在我们的建议下，他给自己的课程内容加了一个场景，改成了"化工行业的战略管理"，这样他的课程内容就变得更加聚焦，也受到了行业内更多企业的欢迎。这种方法很简单，是按照行业类别进行的场景区分，老师可以按照这种方法，把自己现有的课程内容进行一次梳理和调整。

有的老师问我，这样创新产品就把原有的市场变得更小了，他获得的授课机会是不是也会跟着变少呢？其实不会，虽然产品进入了更加细分的领域，但是产品价值变得更大了，目标企业可以更加精准地找到老师，也会更加喜欢老师。

此外，进行产品创新时还可以加上新的管理工具、新的时代特征、新的目标对象等。比如，有的老师的课程内容是有关中层管理的，想要进行产品创新，就可以改成"90后"中层管理，或者数字化时代中层管理，等等。通过做更加细致的场景区分，来让你的内容更加贴近学员和客户。

其次看创新转化。也就是说，通过创新使老师的课程形式变得更新颖，有新的玩法和转化方式，以此吸引更多的客户关注。比如，有个老师之前是讲行动学习的，后来通过创新转化，在课程中加入了私董会的内容，更加贴近他所在行业的现状，得到了更多客户的关注和欢迎。我们不仅鼓励老师对产品进行创新转化，就连我们公司自己最近也在做这件事情，尝试把课程内容以沙盘或剧本杀的形式进行开发，看看能不能找到更多新的发展方向。

综上所述，老师可以按照这两种形式对自己的产品进行创新，使自己的产品类型变得更加多样化，更加符合目前的行业市场现状。如果老师对产品创新的认识还比较模糊的话，我的建议是可以从内容加场景入手，因为所有课题都可以进行这个方向的创新，没有什么限制或者禁忌。比如，老师可以尝试在已有课题中替换或增加新的案例，让课程内容和现实场景更加贴合。这种方法比较简单，老师也比较容易上手，等讲课经验多了，老师就可以尝试更加复杂的产品创新方法，把自己的课程内容做得更加完美。

这里再给大家举一个真实案例。有一个老师是讲教练技术的，他的内容比较一般，只是一些比较基础的内容，所以在教练技术领域的竞争力不强，授课量也一直上不去。我根据他的特点和定位，给他的课程加了一个限定，就是专门给线上小型电商客户讲课。因为这些客户的水平不高，他们最需要的就是教练技术的基础内容，尤其需要营销的内容，而这些内容正好是这个老师的主讲内容。后来，这个老师听从我的建议，开始专门给这些客户讲课，一两年之后，他的授课量在教练技术领域已经算是名列前茅的了，收益比和他能力差不多的老师要高两到三倍。而且，他在讲课的过程中也没有忘记对产品进行及时创新，使自己的产品更加有针对性，内容也处于行业的最前沿。最后,他成功地把自己变成了这个行业的专家,授课量和收益也就不再是问题了。

需要注意的是,老师的风格一般是由其自身的性格和特质决定的,如果不做特定学习,很难进行有效改善。所以,我们会建议老师不要在风格上做过多的纠缠,而是把自己的创新重点放到产品内容上,通过前文讲到的方法对自己的产品进行更新和完善。

除了这两种创新方法外,这里再给大家介绍一个我觉得很好用的方法,那就是在进行产品创新时,首先找到行业内目前最顶尖的产品或企业,之后将自己的产品和它进行对标,找到自己产品的优势,这样你就能确定产品创新方向是否正确,是否有机会把产品做到行业最佳。比如,有一个老师就遇到了这个问题,他想把自己的课程产品进行创新,做一个读书会的新课程形式,但是不知道是否合适,所以想请我帮他参谋一下。我之前也没做过类似内容,没有相关经验,所以建议他先找到读书会这个领域做得比较好的企业或个人,之后分析他们的产品,再和自己的产品进行比较,看看自己的产品和其他产品相比是否有不同的特点。如果有,那么这个产品就有成功的可能,他就可以沿着这条路继续做下去;如果没有,他就需要及时放弃这个创新方向,重新寻找创新点。

这个老师当时有点不理解我给出的建议,他觉得自己做的产品肯定不如行业内的顶尖产品,而且他也不觉得自己能做到最好,只是想丰富一下自己的产品矩阵,卖课的种类多一点。这种想法完全是错误的,我们做产品一定要有一个信念,那就是要做行业内最好的产品,而不能凑合。比如,在这个案例中,这个老师的产品和行业内顶尖产品肯定是竞争的关系,因为二者是同质产品,如果大多数人选择了顶尖产品,那么选他的产品的人就会特别少,他的产品就会做不下去。

所以，在做产品时，你一定要抱着做到行业顶尖水平的信念，要让客户在听到你的产品和顶尖产品的名字时，毫不犹豫地放弃顶尖产品，选择你的产品，这样你的产品创新才算是成功的。

等你坚定了自己的信念，也比较了和顶尖产品的优劣势之后，你就可以开始做产品创新了，方法很简单，就是找到顶尖产品目前存在的最大问题，之后由你的产品来解决这个问题。比如，在这个案例中，我们分析的最后结果是，行业内的很多客户都反映顶尖产品的价格太贵了，他们觉得有点难以接受。我就建议这个老师的产品定价可以低一些，和顶尖产品的价格拉开差距，同时在内容上要尽量跟上顶尖产品，不要落下太多，这样他的产品在行业中就算有了一定的竞争力，可以争取到一些对该产品感兴趣的客户。

除了价格之外，还有很多影响客户选择产品的因素，比如，这个老师的读书会搜集到的真实案例很多，可以对客户进行一对一的解读，而行业顶尖的读书会因为参与人数过多，所以没有那么多时间展示案例，也不能进行针对性解读，这也是这个老师可以重点设计的产品创新点。

当然，你在分析自己的产品时，也要根据行业特点、自身特色等，与你所在行业的顶尖产品进行比较，这样你才能比较准确地找到自己产品的创新点。

产品市场：找对了市场，才是对的产品

如前所述，在做产品创新时，你要格外关注下面这几点内容：第一是找到自己产品的优势，也就是对自己的产品进行一个比较系统的总结；第二是找到客户的需要，也就是找对市场，知道哪些是你的目标客户；第三是找到行业中的榜样产品，并把它们和自己的产品进行对标，之后有针对性地进行产品创新。

很多老师会在和榜样产品进行对标时出现问题，对自己的产品开始产生怀疑，信心不足。有这种心理活动其实是正常的，但是老师不用因此而垂头丧气。大家应该都听过骆驼和羊的故事，骆驼高有高的优势，而羊矮也有矮的优势。大家要客观地看待自己的优缺点，既不要对优点过于自傲，也不用对缺点过于自卑。

很多顶尖产品都有一个比较明显的劣势，那就是因为创建的时间早，所以很多观点和案例都变得陈旧了，不太适合目前的行业现状。这时，你就可以充分发挥自己产品的新优势，和顶尖产品在这方面做对标。

类似的优缺点我们还能分析出很多，大家可以把全部能想到的优缺点都先列出来，尤其是你的主要竞争对手的优缺点，之后你要重点对这些优缺点进行分析，从中挑出一到两个自己特别有信心的点，对它们进行精心的设计和创新，最后把它们成功推向市场。

比如，有一个老师之前是讲人力资源课程的，在行业内的授课量一直不太理想，我们就和他一起对行业内的顶尖产品进行了对比分析，结合他之前的相关工作经历，得出了他的产品创新方向，就是做行业内某个新兴领域的产品。

因为这个产品刚开始在国内流行，而他的产品正好对此有所涉及。同时，在和行业内的同质产品进行对标时，我们发现他既有去国外学习该产品理论的优势，他的产品本土化内容又做得很好，很多案例都是国内企业真实发生过的。

而其他老师的产品内容，要么是照抄国外已有的研究成果，列出来的案例大多也是国外的，并不适合国内企业的情况，有点水土不服；要么是完全整理国内企业的案例，但对产品本身的概念和核心观点理解较弱，有时候会出现比较大的偏差。

这个老师的产品正好可以解决上述问题，而且也能充分发挥他的自身优势，所以我们就把这个产品当成了他的重点内容，后来的结果也证明，我们的选择是正确的，这个老师的授课量一下就脱颖而出，几年之后顺利成为该领域的专家级老师。

对于如何挑选适合自己的产品市场，我们可以根据产品市场的大小，把自己定位为"大海里的小鱼"、"池塘里的大鱼"或者"大海里的大鱼"。其中，"大海"、"池塘"指的就是产品市场。老师想要挑选出合适的产品市场，就要对自己进行准确的分析，看自己是适合"大海"（即市场广阔、需求量大的市场），还是适合"池塘"（即市场专一、需求量小、要求专业度高的市场）。

对于大多数老师来说，我们都会推荐他们选择"大海"，因为"大海"里面的机会比"池塘"里的多很多，而且对内容的要求相对没那么高，老师也比较容易上手。"池塘"里的一般都是某方面专业能力强，在行业内有一定知名度的老师，他们的专业能力已经处于行业领先水平。如果你的某种专业能力很强，你在这个"池塘"里就有极大可能获得成功。

我们公司的主要任务就是帮助老师找到适合自己的产品市场，我们会和老师一起分析他所在行业市场的变化趋势，包括各领域排课量的变化趋势和行业排课变化趋势（见图 4-5）。通过对图 4-5 的分析，我们就能帮助老师了解行业市场现状，并对自己在行业内的发展方向有一个比较清楚的认知，可以更加明确如何进行产品创新，最终把自己的产品成功推广给更多的客户。

第四章 | 产品力——商业讲师如何打造爆品课程

2023 年第二季度

排序	课程方向	占比
TOP 1	管理素养	30.5%
TOP 2	营销销售	15.0%
TOP 3	数字化	6.2%
4	财税管理	6.0%
5	人力资源	5.4%
6	红色党政	5.2%
7	宏观经济	4.9%
8	项目研发	4.6%
9	经营战略	4.1%
10	新媒体	3.4%

各领域排课量变化趋势

管理 / 销售
持续走高

———

数字化 / 财税
增长迅猛

2023 年第二季度

排序	行业	占比
TOP 1	建筑 / 基建 / 工程	11.0%
TOP 2	银行	10.9%
TOP 3	公开课	9.1%
4	通信网络	8.0%
5	电力 / 电网 / 电厂	7.3%
6	总裁班	7.2%
7	石油 / 化工 / 能源	6.3%
8	保险 / 金融 / 投资	4.9%
9	钢铁 / 金属 / 重工	4.5%
10	航天 / 军工	3.3%

行业排课变化趋势

建筑业
持续走高

———

银行 / 通信业
增长迅猛

图 4-5 商业讲师的产品市场

如何设计出一门好的商业课程

课程设计的四个步骤

培训老师对于课程肯定都很熟悉，因为课程是老师的立身之本。

对于商业讲师来说，课程更是重中之重，需要认真对待。想要设计出完美的课程内容，你需要按照下面的步骤来进行（见图4-6）。

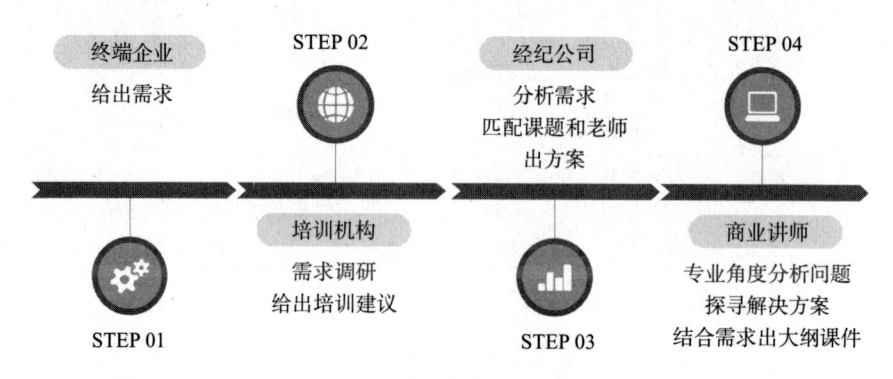

图4-6 设计课程内容的步骤

第一步，由终端企业，也就是客户企业提出需求。 也就是说，想要把自己的课程进行商业化改造，老师就不能只是根据自己的专业特长设计课程，而是要先分析一下客户企业的需求，以解决客户问题为目标来进行设计。

第二步，由培训机构对企业的需求进行调研，并给出培训建议。 企业有需求之后，一般会找培训机构，要求安排相应的课程。培训机构收到企业的需求后，会对需求进行调研和分析，根据目前市场情况和企业自身特点，给出合适的培训建议。

第三步，经纪公司分析需求情况，匹配合适的课题和老师，并给出具体的方案。 经纪公司是企业和老师之间沟通的重要中介。一方面，经纪公司要和企业进行细致的沟通，分析企业的需求情况；另一方面，经纪公司明确企业需求之后，就要帮助企业寻找合适的课题和老师，并给企业提供具体的方案。这里需要注意的是，经纪公司的目标不是找行业内最好的老师，而是要找最适合这家客户企业的老师。

只有合适的才是最好的，才能真正帮助企业解决实际问题。

第四步，商业讲师从行业专业角度分析问题，探寻解决方案，最终结合企业需求列出课程大纲。老师收到企业的需求后，要从专家的角度整理出企业目前存在的问题，并对这些问题进行分析。企业一般只会提出需求，并不能准确说出存在的问题，所以需要老师帮助企业总结问题，之后再根据这些问题找出正确的解决方案。准确找出企业的问题对老师来说是最重要的，也是最考验老师能力的部分。这里就需要老师用到我们之前讲过的，判断专业能力的方法论体系中的"望闻问切"的方法，对企业需求进行分析。之后把针对问题的解决方案一一对应地做出来，就可以列出适合这家企业的课程大纲了。

所以，一门课程的产生并不容易，需要企业、老师和培训机构、经纪公司等通力合作，才能做出适合企业需求的课程内容。

什么是好课程

不同的人对好课程的判断标准其实不太一样，每个人都有不同的看法。根据我们对老师课程的观察和总结，发现一门好的课程需要符合三个重要标准，第一是有价值，第二是有含金量，第三是有有效性（见图4–7）。

首先，你的课程要对企业有价值，这也是最重要的一点。老师要站在客户的角度看待课程，提出具备场景化高价值的问题，并努力帮助客户解决这些问题。企业的问题主要有两种，一种是需求，一种是痛点。这两种问题具体表现为企业的目标与现实之间的差距，比如，企业去年制定的目标是营业额3000万元，结果年终一总结，发现只完成了2000万元，中间有1000万元的差距，那么，这1000万元的差距就是这家企业需要解决的问题。如果你能够精准找到企业实际工作

有价值
提出具备
场景化、高价值的问题

有含金量
有理论体系
支撑

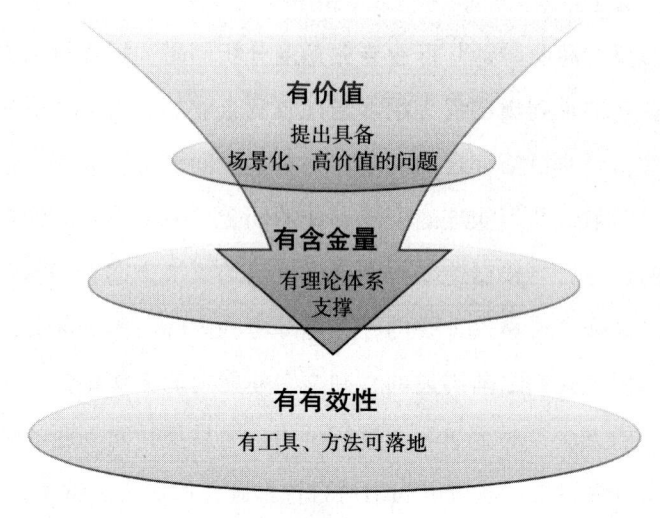

有有效性
有工具、方法可落地

图 4-7 好课程的标准

中存在的问题，那么你对企业的价值就会更高。

商业讲师作为行业内的专家，课程中要有具体的问题解决方案，有可能是某些工具，也有可能是几种方法。总之，要能让企业通过你的课程纠正原本错误的想法，重新用正确的方法开展工作，以达到原本制定好的企业目标。比如，有一个老师在给企业讲课时，列出了企业存在的六大问题，但是，他只讲了企业存在的问题，并没有给出这六大问题的解决方法，下课后企业就来找这个老师，觉得他并没有讲清楚这个问题，对他的课程内容表达了不满。正确的做法是，老师把企业的问题整理出来，之后根据这些问题给出相应的解决方案，这样才算是好的课程。

其次，你的课程要具备含金量，有专业理论体系支撑。课程内容不能太过简单，也不能完全照抄业内知名大家的理论和内容，而是要有自己的独特论点。一般做商业讲师的老师，都要具备一定的专业能力，像我们公司接触到的很多老师，都可以算是本行业内的专家，他们的专业理论知识丰富，而且具有很多的实践经验，他们的课程含金量一般就会比较高。

如果是新入行的老师，可能在专业方面的含金量还没那么高，这时就需要多进行专业的学习，多去讲课积累相关经验，这样慢慢过几年之后，你就可以总结出自己的理论体系，也会有自己对于问题的独特观点和解决方案，这时你的课程含金量就会变得越来越高，你也会越来越受到企业的欢迎。

最后，你的课程要具备有效性，不能只列出企业存在的问题，还需要给出具体的解决方案，并教会学员正确使用这些方案。 老师要能给学员提供合适的工具和方法，使自己的课程内容在企业顺利落地。有的老师觉得把企业的问题和相关的理论讲明白就可以了，企业知道这些内容之后，自己就能解决问题了。这种想法肯定是有问题的，大部分人都没有这种能力，需要老师手把手地教，他们才能学会具体的做法。

比如，我们学车的时候，会先听教练讲几节课，包括如何启动汽车、如何正确驾驶汽车、如何停车入库等等。听完教练讲课后，我们中的大多数人虽然有了理论，但是没有实践，结果就是我们依然不会开车。所以，学车的时候，我们不仅要学理论内容，更重要的是还要花大量时间亲自练车，在教练的帮助下，慢慢熟悉开车的各项步骤，之后经过考试，我们才算是真正学会了开车。此外，像游泳、打球等运动也需要我们亲自实践练习才有可能学会，如果只学习理论知识，就相当于纸上谈兵，等遇到具体问题时，会手足无措，不知道应该如何处理。

老师讲课也是如此，光给学员讲理论知识还不够，还要给他们解决的方案，并教会他们用相关的工具和方法。有的老师觉得这样做太累了，不愿意花时间做这些事情，这就需要老师及时调整自己的心态。如果你还没准备好，那么我的建议是先不要做商业讲师，不然既会耽误自己的前程，也会给客户带来不好的影响。

商业课程的分类

商业课程的分类方法有很多（见图 4-8），在面对不同企业时你需要选择不同的方法。

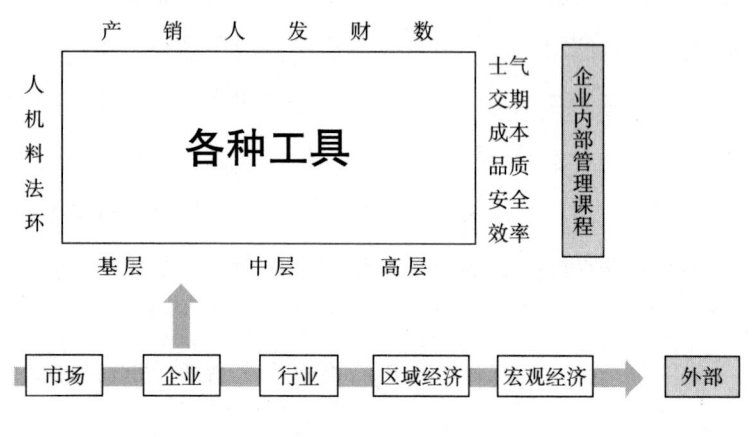

图 4-8 商业课程的分类举例

比如，你可以把课程分成两大类，分别是企业外部课程和企业内部管理课程。其中，外部课程的范围比较大，包含的内容也比较广，一般以讲解政策、理论等内容为主，比如对宏观经济、区域经济、行业、市场等的分析和综述，这类课程对老师的要求很高，一般是做到行业专家的老师才可能驾驭。剩下的大部分老师都会选择企业内部管理课程，这类课程的需求量比较大，而且适合各种企业类型，不同行业的老师基本都能比较轻松地找到适合自己的课程类型。

企业内部管理课程的分类方法很多，比如可以按企业管理者的层级，划分为高层、中层和基层；或者按企业生产要素，分成人（人员）、机（机器）、料（材料）、法（方法）、环（环境）；也可以按企业管理的内容，分成产（生产）、销（营销）、人（人力资源）、发（研发）、财（财务）、数（数字化）；还可以按照企业的流程环节，分成士气、交期、成本、品质、安全、效率等。老师们可以根据客户的具体需求，选择不同的课程类型，有针对性地设计和制作。

如何设计课题和内容

我认为，一门好的课程包括两个方面的内容，一个是知识导入，也就是把企业遇到的问题提出来；一个是知识转化，找到企业问题的最佳解决方案，并能让学员听懂课程内容，能够熟练地运用到他们的日常工作中。

有一些老师曾和我提起过，觉得找问题非常难，而且有时候企业问题有很多，自己不知道应该从何下手，甚至对讲课产生了深度的不自信。那么，如何解决这个问题呢？请先看下面这个案例。

我们公司有一次线下训练营的主题是商业讲师如何进行商业化，针对这个问题，我们又提出很多小问题，比如商业化的定义是什么、如何帮助老师进行商业化、怎么把老师的价值最大化。这些问题又乱又杂，如果我不进行进一步的分类和概括，那么讲课的内容就会东一榔头西一棒子，变得十分分散，毫无逻辑性。为了让授课逻辑变得更加清晰，我对这些小问题进行了整体的框架梳理，把它们分成了三个方面的问题，分别是产品类、销售类和品牌类。之后，我把学员事先提到的问题都分别归到这三类主题下面，整理好了它们各自的课程逻辑，等我讲课时课程内容就会变得有条理，不会出现把自己绕晕，不知道该讲什么的情况。

在整理问题时，老师要特别注意，不要把所有问题全部都放进自己的课程内容里，而是要挑选一些企业感兴趣的或急需解决的问题。就像一个人在沙漠中口渴了，你给他一瓶水，他会对你十分感激；如果你给他一块面包，他会对你怨声载道，因为这块面包对他一点用都没有。而且一节课程的时间有限，如果把所有内容都包含进去，就会给学员极大的压力，也容易让学员分不清重点难点，导致学习后不能及时解决问题，学员对你的课程评价就不会太高。

所以，只有对企业来说是痛点的问题，才能吸引其全部注意力，并对你的课程内容产生兴趣。这类问题就像是插在客户心中的一根刺，时时都在扎着他，让他感到痛苦，白天吃不好饭，晚上睡不好觉，心情急迫地想要解决掉它。如果你能解决客户的痛点问题，帮助他拔掉这根刺，那么他就会感觉豁然开朗，做事情也有了干劲。但如果你解决的不是他的痛点问题，他会对你的课程表现得不那么在乎，上课时也会出现走神、心不在焉的情况，那么课程无疑是失败的。

再举个例子，我们去医院看病的时候，会特别认真地向医生询问我们的病情，即使医生说一些我们都不熟悉的专业术语，我们也不会对他感到厌烦，还是会耐心地听完，并继续提问。因为病情是我们最关心的问题，我们担心自己的身体情况，所以会对医生说的话格外关注，不会出现走神的情况。做商业讲师也要有这个意识，要把客户企业当成患者，我们变成企业的主治医师，找到客户的病根，并通过用药帮助客户恢复健康。

想要准确地找到问题不难，常用的方法有很多，比如访谈、提问、搜集数据等。我在前文讲到的有关老中医的案例，其实就涉及了这一点，你可以翻到前文对应的地方，重新进行阅读，加深印象。

有的老师喜欢通过给特定群体做问卷调查来搜集信息，并进行分析梳理，这样做搜集到的信息比较有针对性，比如高层想解决什么问题、中层有哪些疑惑、基层员工希望提升哪些技能等，能比较准确地了解客户目前存在的主要问题是什么，而且准确率也会比较高。

有一些老师，他们喜欢用另外一些方法来找问题，这类方法比较适合刚转型成为商业讲师的新老师使用。比如，他们会找到并查看大量课题范围与自己差不多的老师的主题和大纲，并总结他们提到的问题都是哪些，然后根据市场上对这些课程的反馈情况，列出其中比较优秀的10~20个课堂，接着把其中提到的问题都罗列出来，找出它们存在的共性，给这些问题进行一个简单的排序，得出自己应该重点解决企业的哪些问题。再比如，他们还会去找销售人员，问问他们对客户需求的了解情况，之后把这些信息进行统一的处理，分析产生这些问题背后的原因，并整理成最终的问题合集。

这些找问题的方法你可以随意使用，并没有优劣好坏之分。此外，作为行业内的专家，我们还应该有完美解决企业问题的能力。对于专家型的老师，有一点需要特别注意，那就是抛弃自己的执念，不要认为自己的方法就是最好的，而要"因地制宜"，根据不同企业的具体情况，选择适合企业的方法。有的老师对自己的方法特别自信，觉得可以解决一切问题，这种想法本身就是错误的，因为没有什么方法可以一劳永逸，都需要根据不同的场景进行不同的转化。所以，你要和企业商量着解决问题，不要一意孤行，要学会聆听客户的意见。

有的老师会产生疑问，不同的企业具有不同的形态，而且每家企业的具体问题都不太一样，如果一家企业的问题有很多，他要把它们全部都解决掉吗？其实是不用的。我曾经就这个问题问过一个股权方面的老师，他算是这个领域的专家，他的解释也比较有说服力。我曾问他，他给各种不同类型的企业讲课，包括国企、民企等，它们遇到的问题肯定有所差别，而且股权也分很多不同方面，比如股权激励、股票分配、股权融资等，这些问题总结到一起很多，他的时间是怎么分配的？他马上说，虽然企业的问题很多，但是这些问题其实都可以进行二次分类，所以他需要解决的问题不会超过50个，其他所有的问题都包含在这50个问题里，很多都是问题加问题的组合。

商业讲师都应该向专家型老师学习如何解决问题，不要过多关注问题的表面，而是要探寻问题的真正本质。比如，我们说自己肚子疼，那么这个症状就是问题的表面，作为老师，你需要找到为什么肚子疼的原因，而不是一直强调肚子疼这件事。

培训领域有一门很热门的课程，讲的主题就是如何发现问题并解决它。这说明大家都很关注如何解决问题，也希望通过解决问题来真正帮助企业获得成长。

老师在做课程时，一定要明确自己这次课程会讲几个问题，这些问题的重点是什么。也就是说，要对问题进行归纳和总结。第一，要有一个总体的大问题，也就是这次课程要解决的最重要的问题是什么。比如，这次课程主要是解决老师如何商业化的问题。第二，在这个大问题之中，我们又可以分解出来很多小问题。比如，对于如何商业化，我们又可以分出产品问题、销售问题、品牌问题。这三个问题我们还可以接着分解，比如产品问题又可以分出教学问题、课程问题、素养问题等。这样一层一层地划分下去，我们要讲的课程内容就会越来越清晰。

在做产品内容时，老师一定要站在客户的角度去做课程，还有就是要加强自己的势能，做到课程好、素养高、社交能力强，这样课程的内容绝对差不了。如果老师对做课程内容还是没有太大把握的话，那么可以先从内训师做起，因为企业内部的问题相对来说老师会比较清楚，而且企业内部需要解决的问题也很多，所以老师有很多的练手机会，既可以完善自己的课程内容，也可以积累很多相关的经验，对日后做商业讲师时开发产品大有益处。

商业讲师课程商业化十步走

授课风格商业化

培训行业里最受欢迎的老师风格，也是很多人在人际交往时喜欢的风格，分别是幽默、激情和智慧这三类。

当然不一定每个老师都要有这些风格，你可以根据自己的特质，尽量去贴合这些风格。个人风格和性格特质有关系，也跟后期的长期训练有关系。当然，个人风格确实很难改变，尤其性格这个部分，你只能通过一些手段尽量贴近。如果你想往幽默这个维度发展，就可以对课程进行教学设计。比如，可以上网找点幽默段子，或者找点企业爱听的故事。

但是，老师在写自己的授课风格时，千万不能直接写"我很幽默""我很有激情"，这会让客户感觉你的水平不高、词汇贫乏。应该怎么写呢？老师可以参考我们公司梳理出来的授课风格分析表，来描述自己的授课风格（见表4-1）。

表 4-1 授课风格分析表

个人 特质 维度	幽默风趣	段子手	风度翩翩	情商高	咨询经验丰富	行业一流专家
	激情澎湃	正能量强	感染力强	气场强大	科班出身	标杆企业出身
	严谨专业	逻辑性强	娓娓道来	亲和力强	责任心强	品牌成功案例
专业 维度	专业性强	见解独到	案例新颖	数据性强	理论研究深厚	版权内容好
	实用性强	课程工具性强	自有模型	可操作性强	案例多	表单多
教学 维度	讲授式	引导式	互动式	行动学习	沙盘模拟	现场应用
	教学多样	控场能力强	深入浅出	视频启迪	故事多	头脑风暴
结果维度	返聘率高	成单率高	落地性强	续约率高	学完即可用	激发客户需求

在这个分析表中，授课风格分为四个维度，每一个维度里边都提供了一些相关的标题词语，供各位老师选择。

第一个是个人特质维度，可以用幽默风趣、段子手、情商高、激情澎湃、正能量强、亲和力强等词语，展示老师授课中比较偏个人风格的特质。第二个是专业维度，可以用专业性强、见解独到、理论研究深厚、版权内容好、自有模型、可操作性强等词语，来彰显老师的专业特质。第三个是教学维度，可以用引导式、互动式、沙盘模拟、深入浅出、控场能力强等词语，说明老师具有多样化的教学方法。第四个是结果维度，可以用返聘率高、落地性强、续约率高等词语，强调老师授课能力的优秀。

上述词语都可以变成老师的风格标签，而且老师最好给自己多贴几个标签，让客户更加全面地了解老师的情况。

如果别人问你，你的授课风格是什么样的，你说自己幽默风趣、专业性强、教学多样，就会显得比较单薄，所以你还要对上面选取的词语进行梳理，梳理的方法很简单，用下面的公式就可以了：

方法＝词语＋解释

下面让我们看一个例子（见图4-9）。比如，有一个专业性很强的老师，想要描述自己拥有这方面的授课风格，那么就要讲清楚自己的专业性强具体体现在哪些方面。这个老师可以说：我有多年的国外学习经验、高超的专业技术、过硬的实操经验、成功的推广和实战经验；或者说，我是行业内绩效管理的引领者；等等，这些都是他专业度的体现。

[授课风格]
专业性强：凭借在国外学习的先进理念、高超的专业技术、过硬的实操技巧、成功推广的实战经验，成为全行业绩效管理的引领者。
实用落地：凭借二十余年丰富的工作经验、成功案例资源，成为管理实战、实操、实用、实施专家。
引导启发：案例逐一解析，复盘失败原因；分享成功经验，点评一针见血；问题举一反三，技巧现学现用。
对症下药：找出问题原因，彻底解决；分享技能工具，授之以渔；量体裁衣设计，落地实施。
风趣幽默：轻松愉快，深入浅出；生动活泼，通俗易懂；谈笑风生，印象深刻。

[授课风格]
- 首创独门销售技巧工具：销售积极心态五要素、陌生电话六步法、大客户需求罗盘、销售业绩BEDELL模型、客户日志等，经过多年检验，简单粗暴，快捷有效。
- 问题解决型实战老师：面向问题，提供精益化落地工具，推动改善绩效。
- 课程结构自成体系：由浅入深，逻辑严密，结构严谨。
- 案例丰富新颖：互动形式活泼多样，学员参与度和积极性高，学习效果好。
- 返聘率高：理论研究深厚，引导式授课，责任心强，配合度高。

图4-9 授课风格标签举例

也就是说，如果我们需要做专业维度方面的标签，那么把对应专业的这个标签描述出来就可以了。再比如，老师有独创的销售技巧工具，就可以把销售积极心态五要素、陌生电话六步法、大客户需求罗盘等列出来，客户一看就明白了，这些内容都是老师独创的，这样就把老师的独创性呈现和展示出来了。

所以，我们选择一个适合自己的风格标签，同时加上相应的、具体的针对这个标签的描述，就可以把我们的授课风格进行商业化的改造。这里需要注意一点，我们列出的模板只作为参考，你的风格跟案例中老师的风格不会完全一样，所以不能照抄别人的授课风格描述，每个人只能从自己的角度来找到自己的授课风格。比如，我们公司有几个老师都打算做专业维度的标签，李老师的专业是人力资源，刘老师的专业是财务管理，他们二者用到的专业维度的词语和解释就完全不一样，因此他们就不能互相借鉴，只能从自己的专业角度进行描述。

我们公司原来发生过类似的事情，有一个老师按照我们给的模板进行了资料的商业化改造，但是他完全照抄了模板上的描述，导致这个老师的授课风格跟模板上老师的授课风格一模一样。后来碰巧有一次我们公司把这两个老师的资料发给了同一个客户，客户看完马上发现了问题，两份资料为什么会一模一样？这就使我们公司和老师的名誉都受到了损害。所以模板只是一个参考，老师还是要结合自己的实际情况进行调整和梳理。

主讲课题商业化

主讲课题要做成客户希望的样子，内容要跟老师的定位对口，同时要有系统。

老师可以通过做课程体系树来完成对主讲课题的商业化改造（见图4-10）。其中，课程体系树的树根是你的过往经验、知识积累等内容，树干是你在行业中的定位，树枝是你围绕定位和经验知识等延展出来的各种符合客户场景的课程产品。

第四章 | 产品力——商业讲师如何打造爆品课程

树枝——各种符合客户场景的课程产品

树干——定位领域

树根——知识积累、过往经验

图 4-10 搭建课程体系树

举个例子，我们公司有个老师是讲 MTP（中层管理者管理能力提升）的，他的课程体系树搭建如图 4-11 所示。这个老师把主讲课题体系分成了三大模块，分别是管理自己、管理工作和管理团队，之后在管理自己的模块下又分了三类，分别是角色管理、时间管理和沟通管理；在管理工作的模块下分了四类，分别是问题解决、目标管理、计划控制和教练辅导；在管理团队的模块下同样分了四类，分别是团队建设、授权激励、部属培育和领导力提升。这个课程结构图列出来之后，他的主讲课题也就完善了，其中总的课程是 MTP，分出的子课程

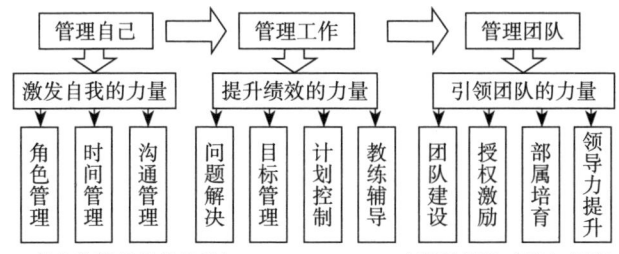

1. 高定位管理者角色认知
2. 高效能时间管理与工作规划
3. 高品质沟通与冲突管理
4. 高水平问题分析与有效解决
5. 高效率目标管理与计划控制
6. 高产出教练技术与员工辅导
7. 高绩效团队建设与管理
8. 高驱动部属激励与授权技巧
9. 高情商领导力提升

图 4-11 MTP 系统课程结构举例

123

是三个，子课程下面还有更细的课程分类。

新老师刚开始可能列不出这么多的课程，可以选择先开发一门课，之后慢慢增加课题，形成自己的课题体系。这样就给了客户更多的选择，客户可以根据自己的需求，随便排列组合挑选课程。比如，客户问你能不能给讲讲目标和计划，或者再加上执行，如果你的主讲课题里不只有目标的课题，还有其他很多课题，其中就包括计划和执行的话，那么你就可以顺利接下客户的这个需求。

老师主讲课题不断演化的过程，就叫课程模块化。商业讲师基本要有两个库，一个是学员问题库，也就是这个领域里的学员都会有哪些问题；一个是课程素材库，客户会出现各种问题，比如时间管理问题、计划问题、沟通问题、角色问题等，老师对每个问题都要有一套对应的课程资料、案例资料等，这样就可以根据客户的需求来进行资料的组合。老师搭好这两个库，销售员来要课程大纲时，五分钟就能搞定，特别简单和方便。但前提是老师得先把课程体系搭建起来。

销售员可以通过老师的主讲课题体系的搭建，主动帮老师寻找有相关需求的客户。请你想象一下，如果你现在是一个销售员，客户给了你一个需求，比如领导力的需求，你会怎么选择老师，如何找到合适的课程呢？一般来说，销售员首先是找有印象的老师，也就是这个老师之前讲过这种类型的课程，对老师也具有一定的信任度，那么他就会直接推荐这个老师去讲课。如果销售员想了半天，没想出来哪个老师讲这方面的内容，那么他就会去资料库里搜索有关领导力的主讲课题体系，如果你的体系里恰好有这方面的课程，那么销售员就可能挑选你去客户那里讲课。

主讲课题体系搭建，适合有一定授课经验的老师。下面，让我们看一下适合新老师的三层课程架构设计（见图4-12）。

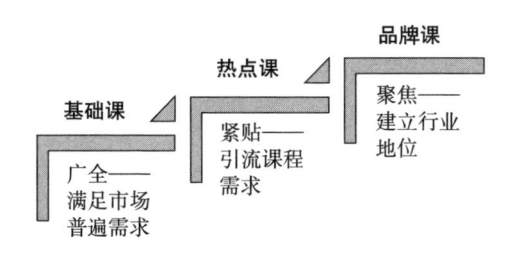

```
品牌课
                聚焦——
        热点课    建立行业
                地位
基础课    紧贴——
        引流课程
广全——   需求
满足市场
普遍需求
```

图 4-12　三层课题架构设计

在这个架构中，我们把老师的主讲课题分成三类，分别是基础课、热点课和品牌课。**首先说热点课，热点课的意思是每个课题的主题方向都具有行业短期热点度。**举个例子，现在行业大方向的热点是直播营销，这个热点至少在最近的两到三年内会一直存在，我们把它叫作阶段性的行业热点。如果你是销售或营销领域的老师，那么你就可以开发如互联网营销、直播带货、主播营销等方面的课题，因为这个市场目前比较热，需求量会比较大，这样你就可以快速地进入市场了。

这对新老师来说很有优势，因为有经验的老师需要完全转换旧的思想，才能跟上市场的新变化。比如，有一个老师之前是讲店面销售的，前几年这个课题还挺火的，但现在已经不太行了，因为线下门店减少了，所以有店面销售培训需求的客户也少了很多。如果他不进行及时的转变，那么他一年的授课量不会超过 100 天，想达到 50 天都很困难。所以根据市场的转变，我们和这个老师商量，让他做一下新媒体营销的课题，这个课题他之前完全没接触过，等于重新开始，对他来说，难度还是很大的。

其次看基础课，基础课其实是满足市场的技术课，相对做熟人市场更多。老师通过热点课被客户认可后，要准备一些基础课。一般来说客户的需求很多，所以老师不能只有一个热点课题，还要准备其他更多课题，要用基础课满足市场。

最后看品牌课，品牌课是从老师自身出发，主要目的是通过课题建立起自己的行业地位。品牌课的难点是老师的结构性思维需要时间沉淀，至少要用三五年的时间才能建立起品牌课程。当然，也有一种例外情况，如果老师的课题有爆点，那么也有可能马上建立起行业地位。比如，有一个老师的课题是"细节决定成败"，因为他出的同名书火了，所以他的这门课也跟着火了，这就是他的课题的爆点。

很多老师会产生一个疑问，就是如何利用课题扩展市场。这里用到了两种方法，一种是纵向扩展，一种是横向扩展（见图4-13）。

纵向扩展	横向扩展
"ChatGPT引发的商业革命与商业新机遇" "5G商业应用解析" "认识元宇宙" "AI创新洞见及互联网行业应用" "从互联网+到智能" "物联网与人工智能" "两化融合2.0体系，即数字化转型方法论" "从0至10亿——互联网思维的小步快跑与爆品战略" "企业数字化与信息化建设管理" "敏捷管理" "数据平台中心的搭建" "企业中台战略价值和产业实践" "数据分析与决策" "互联网企业创新体系与敏捷管理" "企业生态化管理" "共享员工" "云管理"	"军工企业数字化转型与智能制造" "汽车产业数字化转型" "银行数字化转型与智能金融" "工业互联网驱动制造业数字化转型" "消费品行业数字化转型实战" "人工智能与电力应用创新" "保险数字化转型与智能金融" "建筑企业信息化管理与数字化转型" "数字工厂与工业4.0" "数字供应链" "数字人力资源管理" "数字化产品的商业逻辑"

图4-13 课题如何进行有效扩展

纵向扩展，就是把课题和热点进行结合，也叫作向上扩展。比如，老师研究的是数字化领域，那么就要对元宇宙、人工智能、物联网、AI 等内容进行快速研究，因为这是新的内容，会更加吸引客户的关注。如果老师能够讲这些新兴的课题，那么他的定位就和客户的需求匹配上了，中介机构就会把这个老师当作重点进行推广。因为客户在这方面的需求量大，而且老师和客户的匹配度高，自然会被当作第一选择。

如果老师最开始没打算研究这个方向的课题，那么我们就会找到老师，建议他往这个新技术趋势方向进行研究。大家不要觉得研究新兴课题很难，因为我们不是研究专业技术的，而是研究如何进行商业应用的，所以找到其背后的商业逻辑就可以了。等老师做出相关的课题，同时客户有相关需求时，我们就可以把这个老师推荐给客户。老师尝到了甜头，就愿意主动去研究行业内的新事物，这样就能研发出更多的新课题，形成一个良好的课题扩展循环。

纵向扩展更多是看行业趋势进行的，而横向扩展相对来说更为落地。**横向扩展，又叫作向下扩展，主要是把课题和行业或人员进行结合**。比如，有一个做数字化的老师，想要把课题横向扩展，就可以做与中台管理、员工管理等相关的课题，比如做汽车产业、银行行业等的数字化转型，它们的底层逻辑其实是一样的，只是在场景、案例等方面有所差别。所以，做这一类的课题扩展时，核心工作是先在素材库中找到能用的理论和案例，之后把这些内容整理好，放到原有的逻辑框架里，就可以变成任意行业的相关课题了。

和原来的客户不同的是，现在的客户会有更多更复杂的需求，老师所讲课题的场景要能匹配客户的需求。我十多年前做培训老师时，感觉比现在要简单很多，因为当时的市场是供不应求的，客户的需求一般也比较简单。比如，客户会说给他们安排一个讲领导力的老师，我问他具体要求，他说没有，他就想让企业各部门的领导都听听领导力的课程。

但现在情况不同了，销售员经常说的话是：老师能调整一下课程大纲吗？老师能增加一些模块吗？客户会提出各种各样的具体需求。因为客户现在获取知识的渠道太多了，而且很方便，他听过的课程也很多，但是很多理论不会应用，所以他才会找到老师，希望老师能根据企业的具体场景来讲一下如何进行实际应用。总之，客户的需求与行业、人员的结合是未来培训行业的一大趋势，老师对此需要加以重视。

老师在进行主讲课题商业化时，要特别注意以下几个要求（见图4-14）。第一，围绕自己的定位，要做不少于五个课题，如果太单薄，客户会觉得老师不够专业。第二，课题中的主标题和副标题都必须点题，最低要求是让学员能通过标题知道你讲的主要内容是什么。第三，把相同类别的课题进行归类，并按照一定的逻辑顺序进行排列，比如可以从大到小进行排列，也可以从高层到中层再到基层进行排列。第四，课题数量比较多的老师，可以把课题整理成课程清单，以附件的形式放在主讲课题体系之后。

> ★ 围绕定位的课题数量不少于五个
> ★ 主副标题必须点题。底线：让学员明白是讲什么的
> ★ 相同类别课题形成一个分类，并按照逻辑顺序排列
> 　（从大到小、从高层到基层、平行）
> ★ 课题比较多的老师，整理课程清单（附件）

图4-14　制作课题时需要注意的要点

课程大纲商业化

如果你是客户或销售员，你想在课程大纲里看到哪些内容呢？我们根据总结，发现客户主要想在课程大纲中看到以下四个方面的内容（见图4-15）。

> ★ 有没有企业关注的问题
> ★ 有没有具体解决方案
> ★ 能不能给一些拿来就能用的具体操作工具
> ★ 老师是怎么讲的，用哪些手段让学员好吸收

图 4-15　客户想在课程大纲中看到的内容

第一，企业关注的问题是否有所涉及。举个例子，有一个老师要给客户讲中层管理能力提升的课，那么客户就会格外关心，老师的课程大纲里有没有涉及相关的问题，问题的准确度够不够。

第二，有没有具体的解决方案。比如，客户的问题是中层领导不能和下属进行有效沟通，那么客户就会在老师的课程大纲中寻找该问题的解决方案。

第三，能不能提供一些拿来即用的具体操作工具，现在很多客户都知道理论内容，但不知道具体的操作方法和步骤，所以希望老师能够支着儿，提供一些具体实用的表格和模板。老师可以在课程大纲里单独做一个相关的模块，放上需要的工具和模板。

第四，看老师的授课方法，打算用哪些方法让学员更好地吸收课程内容。比如，老师可以针对问题，在课程大纲中设置专门适合该层级学员的授课方法。在这里，老师要对课程大纲解决企业里具体哪一类人的问题有详细描述，一般是在课程背景里，列出该层级员工可能存在的问题及思考方式。如果客户确实遇到你列出的这些问题，他就有极大可能选择你的课程。举个例子，执行力一般是给中层或基层领导听的，而领导力一般是给高层听的，因为他们在企业中的工作性质不同，所以学习的课程内容也就有所区别。在同一个企业里面，面对不同层次的员工，问题的呈现点是不一样的，我的建议是老师把关注重

点放到同一个层级，而不要同时列出很多个层级。

除了上面提到的内容外，客户现在增加了一些新的关注点。比如，客户希望老师的风格可以和企业一致。国企希望老师讲课时的风格是成熟稳重的，民企希望老师的讲课风格是有活力有激情的。如果讲课对象是中基层员工，客户就会希望老师多加一点练习或游戏，如角色扮演、情景剧、剧本杀等，让员工的注意力更集中在课堂上；如果是给总裁班或高层领导讲课，那么客户就会希望课程中多一些理论、认知方面的内容，帮领导打开思路，给领导一些未来的发展方向，提供一条新的赛道，等等；如果是到企业做内训课程，那么老师光讲理论知识就不行了，必须放一些工具方法和执行体系，让客户可以马上应用到工作中。所以，不同类型的客户，或者不同的人员群体，对老师的课程大纲会有不同的期望和要求，老师要做的就是尽量和其要求匹配。

下面给大家提供的是标准课程大纲的内容升级方法，这个方法具有普遍性。老师在遇到不同客户时，还需要按照上面的内容，对课程进行相应的修改和调整（见表4-2）。

表4-2 课程大纲的内容升级

一级目录 提问题	二级目录 给答案	三级目录 上工具	四级目录 展案例/形式
1. 客户场景化的问题 2. 一级标题呈现直接的逻辑关系，围绕主题，层层递进，环环相扣，形成一个完整的闭环 3. 根据课程时长设计小节模块，一天一般4~5节	1. 支撑一级目录提出问题的解决方案 2. 数字化呈现：如提炼××步，××种解决方法	1. 支撑二级目录的具体知识点 2. 支撑二级目录的具体工具表单	1. 支撑二级目录的具体知识点 2. 为了学员更好地吸收，准备案例或不同教学形式，如游戏、测试、研讨等

标准的课程大纲分为四级目录。其中，一级目录提问题，二级目录给答案，三级目录上工具，四级目录展案例或者形式。这是一个最优化的课程大纲模式，但是因为不同老师的内容模块不一样，所以不是每个老师都会有这么完整的四级目录。比如，有的老师的课程大纲可能只有一级、二级和四级目录，没有三级目录，因为他在课程设计时没有放入工具方法的模块，所以就不用加三级目录。老师具体放哪级目录，要看客户想在大纲里看到什么。老师要时刻牢记，课程大纲就是营销资料，起到的主要作用是让客户选中自己，以这样的标准来设立自己的课程大纲内容就可以了。

首先，我们看一级目录。在一级目录中，我们要列出客户场景化的问题，比如，有个客户的需求是中层管理能力提升，因为这家企业刚提拔了几个骨干员工，把原来的销售精英变成了销售经理，但是他们的角色没有及时转变过来，所以出现了很多问题，他们既不会与员工沟通，也不会下命令、做计划，造成团队氛围很差。我们就可以根据客户出现的这些问题，把它们变成一级目录，比如，作为管理者，如何建立好角色认知、如何定好目标、如何做计划、如何辅导员工、如何打造团队文化等。

然后，我们看后面的几级目录。二级目录的作用就是为一级目录的问题做支撑，比如，一级目录的内容是如何跟员工沟通，那么二级目录就可以是与员工沟通的几大方法，每种方法的原理和具体做法是什么，等等。三级目录又是二级目录的支撑，为二级目录列出的方法提供配套的表单或工具。四级目录也是二级目录的支撑，通过一些练习、案例讲解或小组讨论，帮助学员掌握知识点。

在做课程大纲的商业化升级时，老师需要特别注意一级目录之间的逻辑关系。因为在和客户沟通的过程中，我们发现客户在看课程大纲时，一般会优先看一级目录，对其他级目录不会细看，所以一级目录对老师来说很重要。在看一级目录时，客户主要关注的是能否把问题都解决掉，如果课程大纲和他的预期差不多，比如能达到70%~80%，那么我们后面的工作就比较轻松了，剩下的20%~30%再调整一下就可以了。但是如果和客户的预期只有50%左右的重合，那么客户可能就不会选择我们了，我们就必须重新做一级目录。

一级目录中的逻辑关系主要是指目录内容是递进关系还是平行关系，老师选择哪一种都可以，只要符合课程大纲的逻辑就可以。比如，有一门课程的内容是中层员工领导力的提升，一级目录的内容就可以从员工角色开始，之后是定目标、做计划，接着是做团队管理、做授权、做组织建设、做文化建设，最后实现领导力的提升。这个目录的逻辑就是清晰通顺的，客户一目了然。

下面，让我们看两个和课程大纲优化相关的案例。案例1（见图4-16）中左边讲战略的老师，把一节课分成了四个环节，而右边讲转型升级的老师，把一节课分成了七个环节。如果仔细读一遍，你就

向华为学习 ——华为 BLM 战略规划与战略执行方法论	突破瓶颈，十倍价值 ——传统企业战略升级转型
一、企业经营的三个核心问题是什么？ 二、华为如何发现并能够抓住战略机会点？ 三、华为如何运用系统性思维进行战略规划？ 四、华为战略如何落地并高效执行？	一、企业经营要实现的价值是什么？ 二、新常态下企业面临的宏观与中观环境变化带来了哪些机会与挑战？ 三、指导企业升级转型的实用方法论是什么？ 四、如何通过系统洞察来进行存量市场的价值创新？ 五、基于万物互联的商业模式设计怎么做？ 六、如何制定企业升级转型的战略规划？ 七、如何建立起保证战略落地的组织能力？

图4-16　课程大纲的参考案例1

会发现这两个课程大纲的逻辑关系都很通顺，可以清晰地看出课程想要解决的问题是什么。

再来看一下案例2（见图4-17），这三级目录是根据案例1中讲战略的老师的一级目录制成的，其中，二级目录列出了一级目录问题的解决方案，三级目录给出了对应的工具，四级目录给出了一些互动的教学手段。这样就组成了一个完整的四级目录形式。

向华为学习——华为BLM战略规划与战略执行方法论

一、企业经营的三个核心问题是什么？如何解决？
1. 企业经营的三个核心问题
 - 生存、发展与可持续发展
 - 构建保障公司可持续发展的业务组合
 - 判断企业业务组合健康度的标准
 案例：苹果公司的业务组合
 工具：业务组合理论
 互动：照照镜子，你的企业业务组合健康度如何
2. 解决问题的两个关键动作
 - 确定"正确"的事与"正确"地做事的闭环
 - 机会导向
 - 系统性思维
 - 全员行动，坚决执行
 案例：支付宝、赣锋锂业、苹果iPhone、洽洽食品

图4-17 课程大纲的参考案例2

课程标题商业化

在讲课程标题商业化之前，我们先看一下图4-18中的六个标题。请你想一想，如果你是客户，你会在什么情况下安排这几门课，会让哪些员工来听这些课？

```
★ 扛责任,拿结果
★ 洞察经营本质,做出明智决策
★ 产品不销而售,客户不请自来
★ 突破现状,价值倍增,企业低风险高效率发展
★ 企业销售额倍增战略密码,与趋势、客户、团队同频共振
★ 成为组织高手的底层逻辑,用六个步骤边学边练
```

图 4-18　课程标题举例 1

接着看图 4-19,同样是六个标题,如果你是客户,你会在什么场景下,给哪些员工上哪门课?

```
★ 扛责任、拿结果——打造高效团队执行力
★ 洞察经营本质,做出明智决策——财务报表分析与经营决策
★ 产品不销而售,客户不请自来——企业数字化营销升级
★ 突破瓶颈,十倍价值——传统企业战略转型升级
★ 企业销售额倍增密码——数字化时代企业战略转型升级之路
★ 成为组织管理高手——高层管理者管理提升的六个步骤
```

图 4-19　课程标题举例 2

看完这两张图之后,你发现这些标题有哪些区别了吗?你觉得哪个标题表达得更清楚呢?很多客户都和我们提过,有些老师发过去的课程标题让他们不知所云,也检索不到,或者是和老师的课程大纲内容不匹配。所以有的客户看过标题后直接放弃了和老师的合作。

作为老师来说,面对客户的第一关就是拟定合适的课程标题。图 4-19 中的内容简单清晰,直接告诉客户解决什么问题。所以,课程标题的作用其实就是一个检索目录,不管是企业客户,还是中介机构的销售员,都能通过检索快速地找到你的这门课,这是课程标题最大的价值。

我们在做标题时,一般会把图 4-19 中左半部分称为主标题,右半部分称为副标题。对副标题的制定方法是直击问题,让人一眼就能看

明白。有的老师比较专业，喜欢用一些行业特有的名词，以此显示自己的博学，但是每个人的知识领域都不一样，客户可能想半天还是想不明白。这里给大家提供几种命名公式，第一种叫人员加问题，这是最简单的起标题的方法。比如，课程标题可以叫中层管理者管理能力提升、员工职业化素养能力提升等，告诉客户要解决哪些人的哪些问题。

第二种起标题的方法，是直接把要解决的问题放到标题上。比如，成本管理、税务筹划等。或者是问题加方法、问题加数字等方式，都可以比较明确地表示标题的含义。

第三种是用专有命题、专有课题或者名词来做标题。比如，金字塔原理、领导者之鉴、六项思考帽等，这类课题一般属于版权课程，以国外引进的版权课为主。在做这类课程时，老师要注意，不要随便改原来的标题名称。

举个例子，有一个老师原来是高效能人士的七个习惯这门课程的认证老师，他后来自己把课程做了升级，改成了高效能人士的八个习惯，结果就没人买他的课程了。因为原来的课程在行业内已经有了公众认知度，客户会直接找对应的课程，而不会轻易选他新改的课程。专有课题其实绝大部分都是认证课，而且是公众知名度高的认证课。

下面我们看一下升级标题的具体方法（见图4-20）。

定副标题	• 注意：直击问题、一眼看清授课主题及市场方向 • 命名公式：人员＋问题、问题＋方法/数字、专有课题
设主标题	• 作用：吸引眼球、建立差异 • 技巧：决策人痒点/痛点的感性元素
规范	• 简洁明了，20字以内 • 可以不吸引眼球，但一定要直击问题

图4-20 课程标题的升级方法

首先，在起副标题时，老师常用到的就是人员加问题，或者问题加方法、问题加数字等方式，直接、简单就可以了。

其次，主标题一定要吸引眼球，让大家一眼就被吸引，继而对你的课程大纲感兴趣。想突出课程与其他人的差异，你就可以在主标题中点出自己的优势，或者是客户的痛点。针对客户的痛点或期望，你可以在标题中加一些感性元素，比如，"企业价值十倍增长"中的"十倍"，就是一个很好的吸睛点。

最后，标题要规范，标题的字数别太多，要简单清晰，让客户一看就知道你讲的是什么课。在课程标题里，可以没有吸引眼球的部分，但是不能没有直击问题的部分，标题的作用就是检索目录，即使表达特别漂亮，如果客户不明白你讲的是什么课，那么也起不到营销资料的作用，对你来说就是一个失败的标题。

课程背景商业化

课程背景的作用就是告诉客户，为什么要上这门课程，这门课程有什么重要性。此外，客户做培训是有预期的，客户在看资料的过程中，会关注里边有没有提到他关心的问题。

课程背景的结构公式如图4-21所示，围绕的是对象的问题和目标，其中的对象不是学员，而是采购者，是采购者认为的学员的问题和这些学员应该学习的目标。明确这些内容之后，老师再做系统的整理就

课程背景的结构 = 问题 + 目标

痛点现象
陈述
+
原因分析
陈述
+
痒点问句
呈现

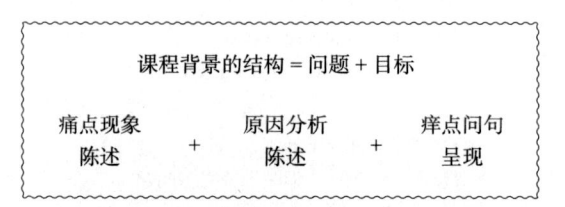

图4-21　让客户感受到课程重要性的结构公式

可以了。具体可以分为痛点现象陈述、原因分析陈述和痒点问句呈现。

举个例子，图4-22中的标题是"向华为学习——华为BLM战略规划与战略执行方法论"，我们来看看它整体的课程背景是怎么梳理的。首先，列出了企业在战略规划管理过程中存在的五类问题；其次，进行了痛点现象陈述和原因分析陈述；最后，进行了"痒点"问句呈现。如果你是一个采购者，面临企业战略的问题，看了这个课程背景介绍，就会想听一听这门课，这就是它的价值和作用。

向华为学习——华为BLM战略规划与战略执行方法论

【课程背景】
您的企业在企业战略管理方面是否也存在以下五类问题？
1. 缺乏前瞻性，重视短期利益；
2. 缺乏客观性，往往以经验代替战略；
3. 缺乏科学性，盲目追逐市场热点；
4. 缺乏系统性，以"口号标语"代替战略；
5. 缺乏执行力，或没有具体的战略实施方案。

中国绝大部分企业面临从"野蛮增长"到"理性增长"的严峻问题，其核心问题是"经验驱动"代替"战略驱动"。企业若没有正确的战略作为指导，那发展必然是盲目、无序的，也无法实现可持续发展。正在面临或即将面临这些问题的企业，华为是最好的学习标杆，从200亿元到8000亿元，从to B往to C，从"泥腿子"到"巨头"，华为400多个业务单元，已经实现连续10年以上，100%完成战略目标，华为的成功是长期主义的胜利，是战略驱动的价值。

如何让华为的成功经验带给更多的中国企业家启发？
如何让战略在企业高层达成高度共识？
如何制定企业能同时满足短期利益和长期利益的平衡战略？
如何给企业家带来可操作可落地的战略规划？
以上答案，刘老师都将在课程中通过亲自操作的案例，给学员一一解答。

图4-22 关于课程背景的案例

这个案例把企业在经营过程中遇到的战略场景问题描述了出来，告诉企业如果没有前瞻性、客观性、系统性等，战略就执行不了。同时，还把企业对未来的期待描述了出来：你想不想在战略过程中跟高层达成共识,想不想你的战略让短期利益和长期利益平衡,想不想有一个可操作落地的战略规划,等等。这样的课程背景设计,就把它的作用呈现出来了,让客户觉得这门课他应该上,他现在遇到的战略问题,还有没想到的问题,老师都想到了,所以这门课他要系统地学习一下。老师的课程背景得找到这样的感觉。

课程收益商业化

课程收益的核心是听完这门课程让客户产生什么样的期望,得到什么样的回报和收获。我们要给客户结果性的、显性的价值收获,要让学员可以充分感受到学完这门课的收益。

课程收益的商业化升级方式如图 4–23 所示。

目的	• 明确获得感
内容	• 显性收益:技能、方法、工具 • 隐性收益:态度、认知
规范	• 动宾结构呈现: 知识类:说出、描述、选择、写出、区分、识别、画出 技能类:演示、列出、提供、创造、改编、运用、建立 态度类:接受、意识、承认、发现、决定、赞成 • 量化呈现:五个方法论、一个模型、三大步骤、七大销售工具

图 4–23 课程收益的升级方法

首先,课程收益的目的一定是给客户获得感,让客户学完课程之后能学到东西。其次,学到的东西分为两块,第一块叫显性收益,第二块叫隐性收益。显性收益是从这门课学习到的技能、方法和工具,隐性收益是使认知提升、态度转变的内容。对于课程收益的描述规范,一般可以分成知识类、技能类和态度类,主要用动宾结构的词语做描述。比如知识类的词语，更多的是了解、认识、描述，能够区分、识别事情。如果是技能类的词语，更多的是掌握、运用，能够梳理出一个表格，或者是能够独自建立一个对应的思路和体系，包括现场做演示，等等。态度类的词语更多的是接受、意识、感受、认同等。

我们可以根据课程的类型来区分不同的课程收益，比如员工职业化素养的课程，态度类的词语就占得多一些，得让员工充分意识到职业化对企业的影响，对个人成长的影响等。再比如技能类的讲商业简介的课程，课程收益就是让客户企业熟练改编好自己的商业简介，或者让客户企业熟练运用好商业简介提升五步法。

课程收益的表述要明确显性化，也叫量化，给客户具体的数字、模型、方法等。比如一个管理模型、一个营销体系、一个操作步骤、一个工具表格等，这些都是客户想要的显性价值。

还是刚才那个"向华为学习"的案例，这个老师的课程收益就很明确（见图4-24）。根据列出的课程收益内容，我们就能知道这门课程打算让学员学习哪些知识和理论。

向华为学习——华为 BLM 战略规划与战略执行方法论

【课程收益】
1. 明确企业经营的三个核心问题及其解决方法。
2. 掌握洞察市场趋势、发现战略机会点的五个维度。
3. 掌握抓住机会点的业务设计六大要素。
4. 了解系统性思维与战略规划的重要性。
5. 掌握实现从确定"正确"的事到"正确"地做事的闭环。
6. 了解华为终端业务从0到1，从1到N完整使用BLM战略发展的完整脉络；体会企业如何通过战略驱动实现理性增长。
7. 现场运用BLM方法论梳理自己企业战略。
8. 通过学习系统性的战略管理方法论和完整的应用案例，帮助学员建立战略性思维。

图 4-24 课程收益的参考案例

课程特色商业化

课程特色的重点就是和其他老师相比,有什么差异化的优势。比如,我是讲战略的,你也是讲战略的,我讲的战略跟你讲的战略有什么不一样?我的课程特色在哪里,怎样突出我的课程特色呢?

这里有三个维度可以突出课程特色,分别是形式亮点、内容亮点和特色卖点(见图4-25)。

形式亮点 · 教学手段：沙盘模拟、行动学习、小组研讨、实景演练

内容亮点 · 体系化、工具化、实用性、落地性

特色卖点 · 标杆背景、亲身经历、定制设计、认可返聘

图4-25 课程特色的升级方法

第一个是形式亮点。老师可以用一些好的、有特色的教学方法,比如用沙盘模拟、行动学习、实景演练、小组研讨等方法教客户学习这门课。因为在老师的教学里边,知识转化也是非常重要的一个模块。

第二个是内容亮点。这是从专业角度来讲的。老师的课程内容体系化;会用到很多工具,比如表格;有实用性,案例丰富;有落地性,客户一学就会。

第三个是特色卖点。每个老师的特色可能都不一样,像华为的刘老师,他的课程特色就是华为战略推动亲历者的实战经验分享,系统完整的案例和方法论的呈现(见图4-26)。每个老师都会有自己的课程特色,比如,有个老师是做需求诊断的,课程特色是做定制内容、

教学、落地工具；另一个老师的课程特色是重理论、重实践和重价值；等等。每个老师的特色点是不同的，核心就是把自己与行业内其他老师不同的特点呈现和展示出来。

> **华为战略推动亲历者的实践经验分享，系统完整的案例和方法论呈现**
>
> 需求诊断：课前充分沟通，精准定位培训需求并针对性地设计课程；
> 定制课程：加入工作场景案例，结合当下"90后"员工常见问题定制；
> 生动教学：穿插丰富的视频案例，用心理学知识寓教于乐，互动教学；
> 落地工具：教授学员选、育、用、留的工具和方法论，避免空谈原理。
>
> 重理论：丰富的心理学和组织行为学理论；
> 重实践：强化现实工作场景具体应用，通过案例由浅入深讲解；
> 重价值：现场学员将掌握一系列实用的测评工具。

图 4-26　课程特色的参考案例

课程对象商业化

对于课程对象，老师注意的点有两个，第一个是聚焦，第二个是具体（见图 4-27）。其中，聚焦指的是不要出现明显跟所讲的课题不符的课程对象；具体指的是课程对象要具体，不能笼统，最好是具体企业的具体岗位的人员。下面让我们通过案例来看一看，什么是聚焦，什么是具体（见图 4-28）。

聚焦　· 不要出现明显跟课题不相符的课程对象

具体　· 要具体不笼统，具体企业具体岗位人员职务

图 4-27　课程对象的注意点

员工职业素养提升	
原始	优化
课程对象：企业员工、新员工、骨干员工、中层干部、总经理、董事长等都可以学习	课程对象：新员工、基层员工、骨干员工等

高效识人——如何成为金牌面试官	
原始	优化
课程对象：人力资源部门人员	课程对象：招聘经理、HRD（人力资源总监）、HRBP（人力资源业务合作伙伴）、HRM（人力资源经理）及各职能部门中层管理人员

图 4-28　课程对象的参考案例

上面这门课程的问题是课程对象不聚焦。这门课讲的是员工职业素养提升，课程对象设为企业员工、新员工、骨干员工、中层干部、总经理、董事长就不聚焦。有人说，讲的是职业化的事情，所以公司所有人都能听。一般来说，讲员工职业素养的课，中层以上的董事长、总经理等人就不是课程对象了。所以这门课的学员对象需要聚焦，明确学员是哪些人，其对象聚焦到新员工、基层员工和骨干员工就可以了。

下面这门课程的问题是课程对象不具体。这是一门讲如何成为金牌面试官的课，似乎人力资源的人都可以听，如果优化一下，课程对象变成招聘经理、HRD、HRBP、HRM，以及各职能部门的中层管理者，这样就具体了。金牌面试官不用局限于人力资源部门，因为除了人力资源的领导，其他部门的主管其实也会涉及面试的事情，所以可以更具体化，这门课就可以推给这些人。

课程时间商业化

课程时间，根据行业里的通用规则，一般 1~2 天，一天的授课时间一般是 6 个小时，上午 3 个小时，下午 3 个小时，可能中场有一次到两次的休息时间，一次一般 10 分钟左右。但是在整个市场运营过程中，有的时候不一定会按照这个时间来做。举个例子，有个客户公司早晨 8 点上班，中午 12 点下班，下午 2 点上班，晚上 6 点下班，需要老师按照公司正常上下班的时间讲课。类似的客户经常会遇到。

一般情况下，老师一天的讲授课时间在 7 个小时以内，都算是正常范围。有时候客户会说 6 个小时根本讲不完，而且上午休息两次，下午休息两次，差不多一个小时就过去了。有的客户觉得自己已经花了钱，老师好不容易来了，最好能多讲点，把时间拉长一点，比如从早晨 8 点到 12 点，下午 1 点到 6 点。行业内默认的是一天的讲课时间在 7 个小时以内都算合理，超过 7 个小时就不合理了，可以加钱。老师讲一天的课也很辛苦，如果客户提出特殊要求，要求讲课时间超过 7 个小时，那老师就可以找到销售员进行沟通，或是直接跟企业沟通调整费用。

当然，大家要相互体谅。如果客户真的有特殊情况，老师稍微延长讲课时间，是可以的。但老师要把本分事情跟情分事情分开，本分事情是正常交付客户 6 个小时，如果延长到 7 个小时、8 个小时、9 个小时，就算是老师的情分事情了。如果老师不想给客户这个情分，那双方就必须按规定来结算。

这里建议老师优先开发两天版的课程。一天版跟两天版的课程需求是最多的，半天的和两天以上的需求不多，因为半天的正常报价是一天报价的 80%，客户会综合考虑成本，加 20% 就可以多半天课，那不如直接要一天的。当然，企业偶尔会有特殊的要求，尤其是一些国央企业开展培训，规定上午一个主题、下午一个主题，就只能安排半天版的了。

一天版和两天版需求最多，那么我们为什么建议老师优先开发两天版的课程呢？因为两天版的课程内容压缩成一天版的课程，比较容易操作，反过来就比较难了，因为你没有那么多的素材，只能加案例，或者加练习、加内容模块。如果你的知识结构暂时无法支撑两天的课程，又没有更好的游戏教学手段或方式，同时也没有更好的案例素材，那你就扩不成两天的课。而老师开发两天的课，一天能讲，半天也能讲。这就是方便老师取舍和预期的好方法，能够获得更多的市场机会。

整体排版商业化

这部分是对各项内容的整体排版。整体排版的商业化升级有四个步骤，分别是字号、字体、标注和顺序（见图4-29）。

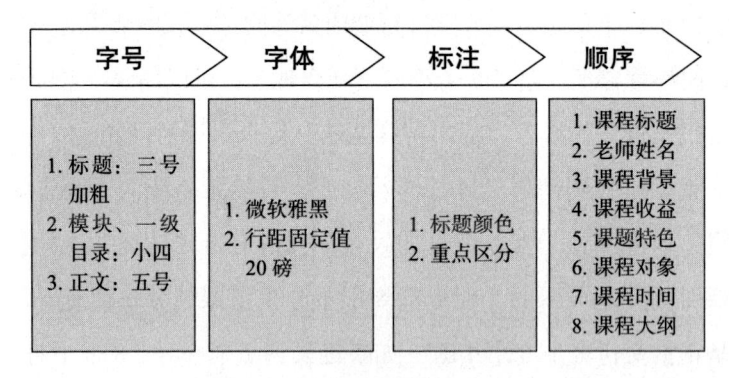

图4-29 整体排版的四个步骤

其中，标题的字号是三号加粗，模块、一级目录的字号是小四号，正文的字号是五号。字体一般用微软雅黑，行距一般把固定值设定为20磅。标注的话，可以用特殊的标记，比如，标题可以用蓝色，或者是用专门标记的颜色，重点区分的内容用另一种颜色。老师要对商业化的内容进行排序，包括课程标题、老师姓名、课程背景、课程收益、课题特色、课程对象、课程时间和课程大纲。

把这些内容整理好之后，我们就会把它作为课程资料呈现给客户。给客户发送的资料，除了这部分内容外，也可以包括视频、商业资料等。

第五章

品牌力——找准定位，
提升商业讲师的品牌魅力

- 找准品牌定位
- 扩大品牌传播能力
- 提升个人品牌势能

找准品牌定位

品牌定位的三种方法

有了好的产品做基础,就可以对品牌进行定位了。如前所述,主要有三种不同的品牌定位方法,分别是"大海里的小鱼""池塘里的大鱼"和"大海里的大鱼"(见图 5–1)。

> **品牌力——如何定位**
>
> ★ 大海里的小鱼
> ★ 池塘里的大鱼
> ★ 大海里的大鱼

图 5–1 品牌定位的三种方法

第一种是"大海里的小鱼"。具体来说,什么是"大海"呢?以培训行业为例,其中授课量最多的管理素养、营销、人力资源、PPT

等就是"大海"，它们还可以细分出很多小课程。此外还有比较受高层欢迎的领导力课程、比较专业的财务财税课程等，都属于"大海"的范畴。

想要在"大海"里生存下去，想要授课量得到增长，你需要把课程做精做细，才能在与同行的竞争中胜出。作为"大海里的小鱼"，同行间的竞争肯定很激烈，你一定要保证自己的授课量能够支撑你在这个行业顺利发展下去。

请你思考一下，内训课和公开课相比，哪个授课量更多呢？结果可能会让你惊讶，其实是内训课更多。我们曾经做过相关的调查，发现内训课能占企业所有培训课程的95%。公开课，也就是商学院的课只占5%。我们会感觉商学院更出名，授课量更多，主要是因为他们的传播推广做得好，但在实际的工作中还是内训课的授课量更多一些。

下一个问题，是中小企业需要的课多，还是大企业需要的课多呢？肯定是后者需要的课多，因为它的员工人数多，需求量会更大。同理，在企业中肯定是中基层需要的课多，高层需要的课少。

解决了上面这几个问题，你就知道自己应该往哪个方向发力了。你处于"大海"的环境中，可选择的培训方向其实特别多，这时你就要重点挑选自己擅长的内容，做这个领域的专家，这样你的授课量肯定不会太少。

当然，我们也遇到过在"大海"中授课量比较少的老师。如果你是这种情况，就说明你的专业内容还不够扎实，不能给企业带来有用的内容。这时，你需要返回到产品部分，再次对自己的产品进行打磨和整理。

第二种是"池塘里的大鱼"。比如，有一个讲国企改革的老师，他的课程主要是讲给企业中高层的，所以他所在的培训领域范围很窄，不能算是"大海"，只能算是"池塘"。"池塘"里的资源本身就很有限，你一定要努力做成"大鱼"，做其中数一数二的老师。

在商学院里，这种现象特别明显。如果细心观察你就能发现，商学院主推的就那么几个老师，除非这些老师有了大的变动，商学院才会推新的老师。这是为什么呢？因为这些老师已经经过市场的检验，他们的授课得到了许多企业的认可，商学院不愿意冒险推新老师。

如果你处在这种环境中，想做"池塘里的大鱼"，就需要分析目前的市场形势，同时结合自己的优势重新定位，最好能找出别人没有的独属于你的特点，这样你的课程就有可能从这些已经同质化的课程中脱颖而出。比如，我们帮助过一个讲转型升级的老师进行重新定位。因为当时市场上讲转型升级的课程都不太系统，常见的是如组织转型升级、人力资源转型升级、营销转型升级等比较单一的课程，缺乏的是从整个企业战略出发的、系统性比较强的转型升级课程。所以，系统性转型升级就属于当时市场上比较稀缺的课程内容，正好这个老师的系统性特别强，在转型升级方面的专业知识能力也很强，我们就建议他把自己的课程重新定位为系统性转型升级的课程。因为他算是行业内第一批讲这个类型课程的人，而且他讲课的效果也很好，所以受到了很多企业的认可，后来顺利成为商学院中排课最满的老师之一。

总结一下，想要成为"池塘里的大鱼"，首先，你需要有很强的专业知识，而且专业知识最好是你的优势所在。其次，你的优势内容最好是你所在行业内比较稀缺的、企业希望学到的内容，其他人都做不好这部分内容，只有你能做好。比如，重新定位为系统性转型升级的这个老师，他之前在某企业做过 CEO 等高层职务，对企业内不同部门的中高层管理工作都有所涉及，所以他的系统性思维很强，已经具备了做系统性课程的基因。而且，他又正好赶上当时所在的培训行业缺乏系统性课程，其他老师又只能讲比较单一的转型升级课程。所以他才能在我们的帮助下成功定位，最终成为"池塘里的大鱼"。

有的老师不愿意做"小鱼"，只想做"大鱼"，想要成为行业内最顶尖的老师。但是"池塘里的大鱼"并不好做。比如，有个老师曾找我帮助他做定位，我让他列一下现有课程，他因为听过我的课，知道课程要有差异化的内容，所以绞尽脑汁想出了 10 个不同的课程题目。课程题目从数量上看确实很多，类型也不同，但如果仔细看就会发现，它们只是名字上有差异，讲的核心内容其实是一样的，并没有体现出这个老师与同行的差异，也没有显现出他的优势，更不是他所在领域比较稀缺的内容。所以，他想做"池塘里的大鱼"，还是比较困难的。

你要注意，并不是所有具有很强专业能力的老师都适合做"池塘里的大鱼"。你在给自己定位时，如果没有找到自己显著的优势特点，那么我的建议是你要及时离开"池塘"，重新返回"大海"。因为"大海"里的机会要比"池塘"的多很多，即使做"小鱼"，也能保证你有一定的课量，不太会出现无课可讲的情况。

第三种是"大海里的大鱼"。这是对老师来说最难的一种定位。想要成为"大海里的大鱼"，你需要在已有的课程中开发出一个新的品类，这样才有可能获得成功。比如，在培训行业里的老师讲各种外国企业的管理方法时，曾仕强老师另辟蹊径，提出了中国式管理的理念，创造出了一片新的"大海"。而且，在这片"大海"中，曾老师就是唯一的一条"大鱼"。但是，想做"大海里的大鱼"很不容易。

首先，我们要保证自己所讲的课程内容是"大海"里的，而不是"池塘"里的。比如，有个老师是讲企业产品如何定价的，他的客户基本锁定在了中小型企业，属于"池塘"范围。如果这个老师想成为"大海里的大鱼"，就必须把自己的课程内容范围扩大，从"池塘"扩展到"大海"，之后在"大海"中找到新的课程重点。其次，我们要做这片新的"大海"中的"大鱼"，仅仅是找到新的"大海"还不行，我们如果没有很强的专业能力，不能做到所在行业的顶尖水平的话，那么就不能算是"大鱼"，只能是"小鱼"。

我最近也在努力尝试着做"大海里的大鱼"。我打算开一门新的课程——"走心课程"。现在市场上老师们讲的大多数都是"走脑课程"，通过各种实际工具和方法，来教企业员工如何正确做事。我想从另一个角度，也就是认知的角度，通过影响人们的思维和认知，来改变他们的行为。在我的设想中，"走心课程"就是一片新的"大海"，因为它可以涵盖很多不同的课程内容，比如战略、组织、营销等。刚才讲过，有了"大海"还不行，我们还必须得是"大鱼"。所以，我现在就在努力学习和这部分相关的专业知识内容，希望能使自己的课程内容做到"大海"中的顶尖水平。

个人商业定位梳理

知道如何选择市场定位后，我们还要能梳理出自己在市场中的定位，以及准确描述这些定位。我们先看下面这两个案例（见图5-2、图5-3）。

无定位

××老师

擅长领域：

企业管理、市场营销、战略落地、计划分解、推进执行、谈判技巧、销售管理、会议管理、企业变革、战略规划与执行、奖励与激励、领导管理技能。

在日企任职20余年，担任市场、销售方面中高层管理者，并在日本专修运营及管理知识，在销售、营销企划、运营管理、运营策略推动等方面积累了丰富的理论知识和实战经验。

有定位

××老师

——企业中层管理者效能提升实战专家

- 美国管理协会会员
- 美国GLG集团专家团成员，咨询顾问
- 曾任亚洲最大美妆企业资生堂中国区高管
- 曾任路捷投资（上海）执行副总经理
- "高效执行的15种方法""有结果的执行力""从数据到需求分析"理论创作者，可以及时分析并预见问题，从而帮助管理者制定最佳应对方案，以取得良好的效果
- 资生堂资深企业培训师
- 企业中层培训体系搭建者

图5-2 定位案例1

有定位

××老师

- 曾任中国民企500强企业格林美公司副总经理、党办主任、培训学院执行院长、人力资源总监、行政总监、宣传办主任、工会主席
- 曾任荆州市人民政府"五城同创办"综合办主任
- 二十大代表候选人、建党100周年湖北省优秀共产党员
- 长江大学特聘专家
- 管理学博士、国家高级经济师、人力资源管理师
- 荆门市人力资源协会荣誉会长、掇刀区作协副主席

优定位

××老师

——实战经验落地的党政培训管理专家

- 荆州市二十大精神宣传团重要成员
- 荆州市人民政府原"五城同创办"综合办主任
- 格林美集团（民企500强）原党委办主任、机关支部书记
- 全国二十大代表候选人
- 建党100周年湖北省优秀共产党员
- 管理学博士、长江大学特聘党建讲师
- 一手打造省级党建标杆企业，湖北"非公党建"党委书记参观学习基地

图5-3 定位案例2

第五章 | 品牌力——找准定位，提升商业讲师的品牌魅力

　　案例 1 是没有定位的和有定位的对比。第一个老师，他的描述头部的内容比较多，读起来比较啰唆。第二个老师，他的整体定位就比较合适，头衔叫企业中层管理者效能提升实战专家。如果你是客户，你会对这两个老师做出什么样的评价？哪些定位能够支撑你对这个老师的信任程度呢？案例 2 则是有定位的和优定位的对比，老师有了定位之后，还可以把它进行优化，使它变得更完美。

　　那么，怎么定位呢？下面这些内容是你在对自己定位时要考虑的重要因素（见图 5-4）。

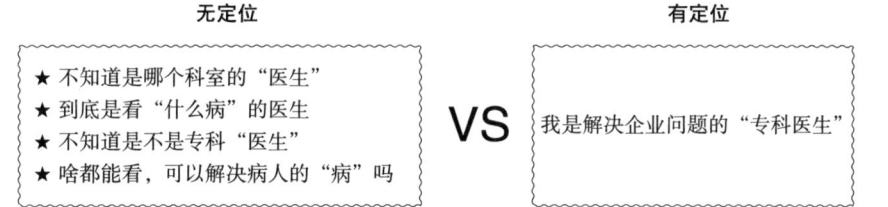

无定位
- ★ 不知道是哪个科室的"医生"
- ★ 到底是看"什么病"的医生
- ★ 不知道是不是专科"医生"
- ★ 啥都能看，可以解决病人的"病"吗

VS

有定位
- 我是解决企业问题的"专科医生"

图 5-4　对定位如何进行思考

　　我们在定位的过程中，要考虑下面这三个维度（见图 5-5）。第一个维度是能力圈，包括选择的主题方向、背景是否可以支撑，能把握住哪些层次的学员等。第二个维度是市场圈，是决定我们市场大小的

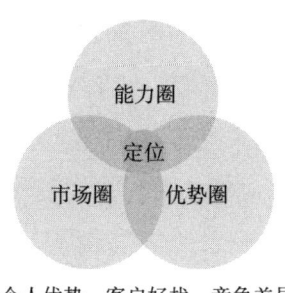

能力圈　定位　市场圈　优势圈

个人优势、客户好找、竞争差异

图 5-5　确定定位的三个维度

153

重要内容。第三个维度是差异化的优势圈，也就是我们和行业竞争对手的差异。

填写定位萃取表

确定定位的三个维度后，我们就可以填写定位萃取表（见表5-1）。想要填好这张表，我们只要能回答这几个问题就可以了。

表5-1 定位萃取梳理表

能力圈	市场圈	优势圈
我能解决企业什么问题	我能解决企业中什么人员什么场景下的什么问题	和同方向老师对比我的显性差异化优势有哪些（背景、风格、版权、独创模型、成功案例、教学手段……）
1.	1.	1.
2.	2.	2.
3.	3.	3.
4.	4.	4.
5.	5.	5.

第一个问题，我能解决企业什么问题。最好是把你能想到的可以解决的企业问题全部列出来。**第二个问题，我能解决企业中什么人员什么场景下的什么问题**。因为有时候你认为的问题，不是客户想要的问题，或者不是客户认为的问题。如果客户都不知道自己有这个问题，怎么可能会有这方面的需求呢？所以你要从市场的角度考虑这个问题：如果我是企业的经营者或采购者，我认为企业的哪些人员会有哪些问题？

将这两个问题结合在一起，你的基础定位就可以出来了。接下来看不同类别，比如生产的定位、人力资源的定位、营销的定位等，哪两个圈重合度更大，你就可以将这两个圈作为你的优先定位。

第三个就要看你的显性差异化优势了。比如，对行业有专门深入的研究，个人有一定的背景特色，等等，这些都可以变成你的显性差异化优势。只要这个市场不是太小，你就一定会有市场机会。当然，跟大市场相比，小市场的竞争程度会弱一些。如果这个市场的需求相对来说不错，你其实可以选择"池塘"。如果你的差异化优势不太明显，你就直接选择"大海"。这三个圈，可以快速建立你的定位，核心定位内容也可以做出来。

我们公司之前也树立了很多老师的定位，比如下面列举的这几个老师（见图5-6）。

刘××老师 ——华为实战派战略管理专家	陈××教授 ——学商一体企业数字化转型专家
张××老师 ——国际投资与财富管理专家	李××老师 ——银行网点营销辅导实战专家

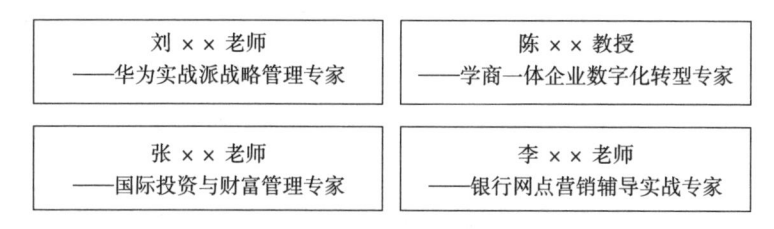

图5-6　老师定位相关案例说明

其中，刘老师是华为实战派战略管理专家，而华为在销售、人力资源和战略规划体系中，甚至在行业内部来说都是有一定认知度的。所以他的差异化标签是华为背景，他解决的是客户的战略问题，客户肯定想知道华为是怎么从一个小公司变成大公司的，它的战略是怎么制定的，这些都可以找刘老师来解决。陈教授的定位是学商一体企业数字化转型专家。他本身是研究数字化转型的，同时也在不断带项目，他的差异化标签就是学商一体，他的核心定位是企业数字化转型专家。当然，还有不少老师也实现了成功的定位，比如张老师是国际投资与财富管理专家，李老师是银行网点营销辅导实战专家，等等。

老师要进入哪个市场，说清楚一个问题就行了：我是解决企业什么问题的专家。这里有两个关键，一个是问题要明确，一个是企业存在的问题。企业存在的问题更关键，因为终端企业客户只关注自己的问题。比如，我原来见过一个老师，他想做定位，他是外企出来的，从国外引进了一门创新课程，同时他说自己特别会教育孩子，总结出来很多经验。那能不能定位他是一个儿童教育方面的老师？他能不能成为儿童教育方面的商业讲师？不能，因为这样的定位太窄了。企业会为这个埋单吗？不会，可能偶尔有一些客户的答谢会或者沙龙会邀请他。他在企业培训这个赛道里只能切入一个特别小的"池塘"中。请你想一想，他的定位核心是什么？其实他可以去 to C 赛道，比如在抖音上做与儿童教育这个定位相关的内容。

所以老师定位要选择的一定是企业关心的那个问题的赛道，这样客户企业才会去采购老师的课程。因为培训行业整体是一个 to B 的市场，以解决企业问题为主。

图 5-7 就是对整体定位的梳理，定位其实就分为三部分内容。

定位作用	梳理工具	特别注意
・第二姓名 ・快速识别	・能力圈 ・市场圈 ・优势圈	・避免混淆一个定位 ・相互兼顾两个简介

图 5-7 定位梳理内容总结

第一个是定位的核心价值和作用。定位是老师的第二姓名，客户不会点名道姓说他要请某某老师，只会说他想请解决什么问题的专家。比如，他想找一个解决企业领导力问题的专家，他想找一个解决企业执行力问题的专家。如果你的定位与客户的要求匹配，你就能被快速识别。

第二个是定位的梳理工具。用能力圈、市场圈和优势圈，就可以快速圈出老师的定位。到底是圈个"大海"还是圈个"池塘"？我们的建议是选择稍微大一点的"池塘"或"大海"，千万别太小了，就像刚才说的，如果在企业管理培训里切儿童教育赛道，就很难进入这个市场。

第三个是要特别注意的地方。如果老师好几个领域都能讲，应该怎么定位？很简单，为了避免混淆，一个简介只能有一个定位，围绕这个定位的所有素材，不管是老师的背景、课题，还是资料、视频等，全都是这一套内容。

需要注意的是，一个老师可以有两个定位。举个例子，有一个老师做过高管，也做过投资，他讲两块内容：第一块是股权，包括股权投资、股权激励等；第二块是领导力。如果我们公司把股权和领导力混到一起发给客户，客户肯定会觉得定位不清。解决方法很简单，把他变成两个李老师。一个李老师是股权投资专家，一个李老师是领导力专家。在股权投资专家这一套体系里，呈现的是他在投资公司的经历，他投了哪些公司，给哪些公司设计了股权，讲了什么股权方面的课。在领导力专家的体系里，他是做高管的，角度就不一样了，呈现的是他带过多少人，给哪些企业讲过领导力，他是什么学校的领导力特聘教授，讲的是领导艺术、团队管理，还是授权沟通等。

如果你的能力属于多领域的范围，同时在每个领域里都有很深入的研究，那么分成不同的几个定位就可以了。如果不分定位，客户看到你讲财务、讲投资，还讲领导力，就会觉得你专业不精。

培训行业里边特别忌讳杂家，一般称之为万金油老师。客户对万金油老师的评价和感受就是——老师什么都能讲，什么都讲得不精，如果可以的话我绝对不要这种老师，而是找个专家。这类老师的问题是很难建立行业品牌知名度，因为他什么内容都能讲。

其实我们遇到过很多在行业内讲了十多年课的老师，给他们什么课题都能讲，也能开发出来，但是他们永远没有行业品牌知名度。带来的结果就是他们的授课量不会特别多，而且课酬涨不上去，因为他们在客户那里的评价不高，跟专业程度高的老师比不了。

有一种情况确实需要这种万金油老师，比如某一个客户提了特别难或者特别怪的主题，销售员可以扔给这类老师，他们处理起来往往没问题。

所以，好定位的核心就是——我是解决什么问题的专家？我为什么是解决这个问题的专家？（见图5-8）这两个问题解决好了，客户

★ 我是解决什么**问题**的专家？

★ 我**为什么**是解决这个问题的专家？

图5-8 好定位的核心

才会觉得老师值得信赖，可以合作。

个人品牌头衔商业化

关于头衔，老师一般会有以下问题（见图5-9）：第一个，老师因为工作经历丰富，本身就有很多头衔，此外还有很多外聘的头衔，都列出来了。第二个，有的老师情况正好相反，头衔很少，也没什么工

作经历，不知道怎么写头衔。第三个，老师的头衔不能支撑他的核心定位。第四个，老师不知道如何取舍头衔。

```
★ 多、乱，有的全写
★ 少，不知道写什么
★ 不能支撑核心定位
★ 不知道如何取舍头衔
```

图 5-9　填写头衔时容易出现的问题举例

头衔的作用很重要，因为客户拿到简介（见图 5-10），第一眼想看的其实就是老师的姓名、定位、头衔，之后才是个人简介。客户在

未梳理

形象照

钱××导师简介

企业战略与转型管理专家
企业组织及绩效管理专家
资深企业培训师
十六年企业经营管理经验，历任国际知名企业大中华区高管、国内A股上市公司执行总裁等高级职位，具备丰富的企业战略、绩效与升级转型的实操经验，是实战型的管理专家
【职场经历】
担任 A 股上市公司金轮股份　执行总裁
担任中国纱线网、搜布等 B2B 互联网公司　董事
曾任中国家纺行业十大品牌公司之一　董事总经理
曾任中国知名家纺面料企业　常务副总经理
曾任日本 AT 株式会社大中华区　人力资源总监
曾任日本 Toyota 车载激光器项目　项目经理
美国管理协会（AMA）资深会员，国际培训协会（IPTS）资深培训师

梳理完

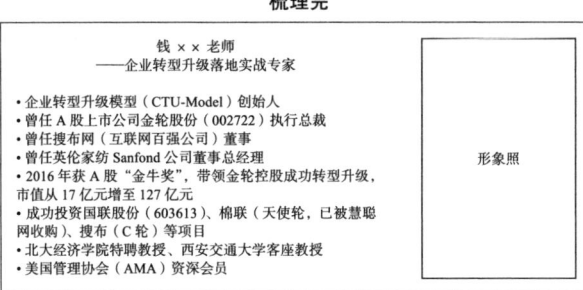

钱××老师
——企业转型升级落地实战专家

• 企业转型升级模型（CTU-Model）创始人
• 曾任 A 股上市公司金轮股份（002722）执行总裁
• 曾任搜布网（互联网百强公司）董事
• 曾任英伦家纺 Sanfond 公司董事总经理
• 2016 年获 A 股"金牛奖"，带领金轮控股成功转型升级，市值从 17 亿元增至 127 亿元
• 成功投资国联股份（603613）、棉联（天使轮，已被慧聪网收购）、搜布（C轮）等项目
• 北大经济学院特聘教授、西安交通大学客座教授
• 美国管理协会（AMA）资深会员

形象照

图 5-10　头衔梳理举例

头衔上想看到什么呢？比如，你是讲领导力的，他想在头衔上看到你带过团队、干过高管、讲过领导力，最起码带过队伍。你没带过队伍，你讲领导力，他会感觉你不靠谱。比如，你是讲营销的，最起码得干过营销、当过营销总监。这是客户想看到的头衔内容，即你是所在行业或某个领域的专家。

你在选择头衔时，要选出几个要点来支撑你的专家身份。那么，要点从哪里来呢？如图5-11所示。

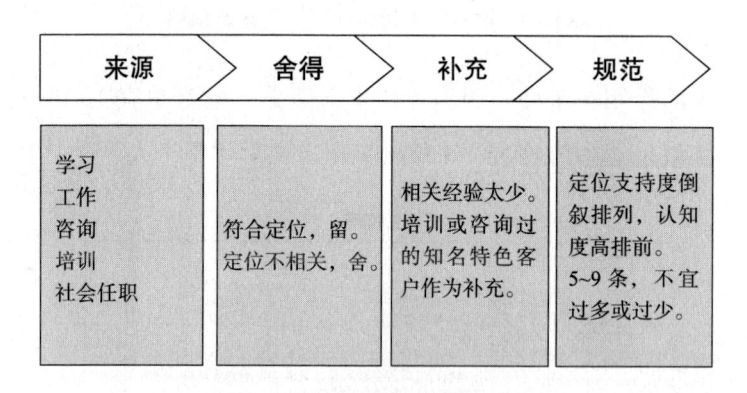

来源	舍得	补充	规范
学习 工作 咨询 培训 社会任职	符合定位，留。 定位不相关，舍。	相关经验太少。 培训或咨询过的知名特色客户作为补充。	定位支持度倒叙排列，认知度高排前。 5~9条，不宜过多或过少。

图5-11 头衔的梳理技巧

第一个是来源，来源有多个维度，第一个是学习经历，第二个是工作经历，第三个是咨询服务经历，第四个是培训经历，第五个是社会的任职头衔等，比如特聘教授。这些内容都可以纳入头衔模块里。

第二个是舍得，舍得的核心点是五位一体，匹配的就留下来，不匹配的就舍去。这样就不用纠结了。如果老师是讲人力资源的，但头衔里写了一大堆销售的经验，客户看到就会怀疑老师专家身份的真实性。

第三个是补充，有个老师是讲银行培训的，但没有在银行的工作经验，肯定不能编一个曾在某某银行工作的经验来骗人。头衔只能做补充，补的核心、补的素材来源是你的培训和咨询经验。因为这个老师给工行、建行、农行等很多银行都做过多次培训，也做了很多辅导项目和咨询项目，就可以把这些总结出来放到他的头衔上。

总结一下，如果老师的经验特别丰富，那么核心就是舍，有舍才有得。如果老师的工作经历没有那么丰富，就要找些内容进行补充，比如之前给哪些知名客户培训过、咨询过、辅导过，这些都可以列上。

最后一个是规范，其中第一条是核心点，叫五位一体支撑定位，因为客户就想要专家，所以要把含有专家成分的素材展现出来。第二条的字数别太多也别太少，写一条客户会感觉单薄，除非你这一条特别厉害，否则就要多写几条，一般五六条就可以了，把你的教育、工作、咨询、培训、社会任职等展示清楚，头衔就算梳理完成了。

梳理完头衔之后，就是形象照片的选择了（见图5-12）。

```
形象照片选择

1. 半身像：
   形象优势+气质优势

2. 正装照：
   着深色衣服选择浅色背景，
   着浅色衣服选择深色背景

3. 照片背景要干净，光线好，人物
   保持在画面中间

4. 老师需要提供3~5张形象照，照
   片像素大小不低于3M
```

图5-12 对形象照片的选择

形象照片要把你最像讲师的那一面、最职业的那一面呈现出来，这个形象不一定是最美的，但一定是最职业的，这是客户最想看到的内容。我们的建议是正装半身像，衣服的颜色选偏深色的会更好一些。因为老师的形象照片有时会被客户用来做海报、被中介机构的市场部用来做宣传等，还可能会被他们用到相关的介绍视频里。

扩大品牌传播能力

抓住品牌传播的机会

前文我们讲过品牌传播的四个步骤，这里做一个简单的回顾，品牌传播的四个步骤分别是：用差异化被发现、用关联被认识、用重复被记住、用共鸣被喜欢。

现在，很多老师不好意思传播自己的品牌，觉得这么做丢面子。他们虽然其他方面都做得很好，但因为没有做传播，所以授课量不如一些讲课不如他们的老师。有句话说得好，"酒香也怕巷子深"。老师想建立自己的品牌，就要学会放下自己的不好意思，努力向客户传播自己的品牌。比如，有一个老师，他课讲得特别好，也很会写文章，所以我建议他出书、写公号文章，或者是做短视频，用这些方法宣传一下自己。他的品牌只是在商学院内部的企业中有名，但是商学院外面还有更为广阔的市场，他如果想把自己的品牌做大做强，就不能只局限在商学院里，还要去外面的市场中寻求更多的机会。

而且，你如果遇到了传播自己品牌的好机会，一定要赶紧抓住，不要犹犹豫豫，思前想后，因为这种好机会往往转瞬即逝。这个老师在我给他建议时并没下决心做这件事，过了几年，他所在的培训行业的热点已经转移到了别的领域,他这时想做传播了,但得到的效果比之前差很多。

我一直在想一个问题,为什么很多老师不愿意主动传播自己的品牌呢?后来我想明白了,他们不愿意做传播的主要原因,是他们的思想停留在了做专家或咨询师的时候,没有及时转换成客户思维。也就是说,传播这件事不能以老师自己的想法为主来考虑,而应该以市场和客户的角度来考虑。在不确定自己是否应该做传播时,你可以先对自己的讲课做个评价,再去市场里做个调查,之后根据得出的结论,你就知道自己是否适合做传播。

还有一些老师,他们不愿意传播自己品牌的主要原因不是面子问题,而是怕自己的独家课程内容被别的老师模仿或抄袭,那就得不偿失了。这样的担心其实不无道理,目前在培训行业中,确实存在很多抄袭的现象,老师辛苦研发出来的课程,轻轻松松就被人抄走了,心里肯定不舒服。但是,抄袭和传播的关系并没有老师想象中的那么大,只要有人想抄,他怎么都能找到办法,不是不传播就能避免得了的。传播是传播的事儿,管控是管控的事儿,不能因噎废食,一条腿走路。如果有传播的好机会,还是应该努力抓住。

想要传播品牌,老师还可以借助培训机构或经纪公司来实现。比如,我们公司就会不定期地找老师录制视频,或是安排老师做课程直播,进行各种不同形式的对外宣传,取得的效果还是不错的。当然,不是老师一有需求我们就马上给他录视频或做直播,我们会先考察老师的讲课能力,评估目前的市场情况,之后经过综合分析,再决定是否给老师录制视频或安排直播。为什么要这么做呢?如果老师的产品不好,或者讲课能力不足,又或是该行业市场前景不好,那么录制出来的视频、安排的直播课程就会起到副作用,对老师和培训机构来说得不偿失。

有的老师对自己的课程特别自信,认为自己的内容就是行业内最好的,恨不得随时找培训机构或经纪公司对他进行宣传,这其实走了另外一个极端,和不愿意做传播的老师形成了鲜明的对比。这类老师的主观性极强,对自己的产品有一种盲目的自信,不愿意相信来自市场的反馈,只愿意相信自己。

举个例子,对于吃饱要吃几碗饭,大家的回答肯定是不一样的。饭量小的人会说,他觉得吃一碗饭就能吃饱。但是饭量大的人,一般要吃三碗饭才能吃饱。所以,大家都在凭借自己的主观感受进行回答。对课程的评价也是如此,你眼中最好的课程内容,可能在客户看来是存在不足的,或者不是他们想要的内容。这时二者的评价就出现了对立的情况,那么应该以谁的评价为准呢?当然是客户的评价。遇到这种情况,你需要马上调整和更改自己的课程内容,而不是着急进行传播。

总结一下,在我看来最容易被客户记住的方法,就是通过培训机构或经纪公司对产品进行推广。现在很多企业都爱用招投标的方法来选择培训课程,一次招投标会吸引很多家培训机构来投标。为了提高自己公司的中标率,培训机构会和很多经纪公司合作,这时就可能存在老师重复出现的情况。比如,第一天A培训机构向客户推荐了朱老师,客户就对朱老师有了初步的印象。第二天,B培训机构向客户同样推荐了朱老师,这样就进一步加深了客户对朱老师的印象。到第三天,C培训机构来到客户的公司,推荐的依然是朱老师。这时,企业就会觉得朱老师的能力应该不错,有这么多培训机构都在推他,就有极大概率给朱老师试讲的机会。这也是我建议老师们多和培训机构、经纪公司合作的最重要的原因。

依靠什么进军目标市场

关于品牌的传播，相信很多老师都看过和听过行业大咖的相关经验。从他们的经历中我们可以看出，他们在做品牌时，抓住了一些特殊时点，或者是在关键点上做出了正确的选择，从而顺利进军了目标市场。

虽然他们的机遇不可复制，但是他们创建品牌的过程我们是可以学习的。在我看来，能够达到大鱼的状态的老师很少，很多行业内比较成功的老师只能算作中鱼。中鱼的状态超越了小鱼，相对来说选择权大了。因为市场对他们有了更多的需求。

想要扩大在行业内的知名度，成功进军目标市场，更多的是靠美誉度，就是老师交付一堂课之后的口碑。客户觉得你这堂课讲得好，你的品牌在这个过程中会慢慢积累起来。比如，有一个老师，他给一个企业讲了一堂课，这个企业又马上定了这个老师的几十堂课，足以说明美誉度的影响力。同时，这个老师的名声也会在这个行业的圈子里传播开来。

提升美誉度要重视对赛道的选择。比如，有一个老师在前几年选择了转型升级的课程，结果刚好赶上了风口，于是在行业内迅速建立起知名度。在这个圈子里，只要一说转型升级，客户马上就能想到这个老师，这就说明这个老师的品牌已经在行业中建立起来了。

当然，对于赛道的选择，大多数老师很难赶上风口。对大多数老师来说，更为实际的目标是在行业内部深耕细作，努力把自己的课程做出知名度。比如，有一个老师，他从十年前开始做结构性思维，到现在还在做。现在的他在行业内已经有了一定的知名度，靠的就是用十多年的时间在这个行业里深耕。最早的时候，这个老师和其他讲结构性思维的老师没什么区别。后来其他老师开始做新的内容，而他依然在做结构性思维，不断加强自己的品牌，给自己贴靠谱专业的标签，运营这个市场，最终成功地把自己的品牌建立起来了。

进军目标市场还有一个好办法，就是利用多种宣传渠道，多方位推广自己的品牌。比如，有一个老师是讲领导力的，他所在的市场很大，为了提升自己的品牌，他在各个平台都建了账号进行宣传，比如抖音、微信、头条等，通过在这些社交网络上的大量宣传，他的品牌知名度得到了提升。

所以，我们想要进入目标市场，扩大品牌影响力，就要两手抓：一手抓专业品质，提高美誉度；一手抓营销推广，增强渠道合作。这样双管齐下，才能提高自己在行业中的知名度，同时提升自己的品牌影响力。

做好定位是前提

客户在选择老师时，除了看机构推荐的资料外，还会搜索并参考其他平台，比如百度、微信等平台的信息，通过这些平台的资料，客户会判断老师是否在这个专业里真正有实力，是不是和机构推的资料相匹配。这时，有一些老师就会出现问题，因为重新定位之后，原来发的很多文章都是原来行业的，不是新行业的。那么如何才能突出老师的优势，把自己的品牌推广出去呢？

这就需要对老师的 IP 进行准确的定位，要朝着专精的领域去发展，就是要在细分领域打造出自己的专业度，不是让他们成为杂家，而是让他们成为专家，发展的机会就要更好一些。

老师不管是在"大海"还是在"池塘"，第一个是看他的特质，包括背景、研究方向等。第二个其实就是要努力做，不管是在"大海"里还是"池塘"里，都努力去做"大鱼"。

提升个人品牌势能

提升品牌势能的三个关键点

想要提升个人的品牌势能，要把握三个关键点，分别是：课程内容好、个人修养高和交际能力强（见图5-13）。

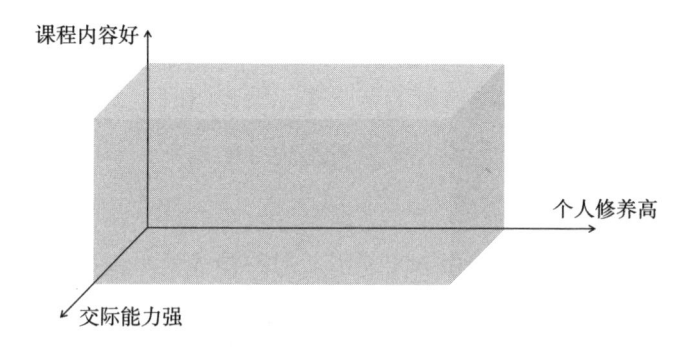

图5-13 提升品牌势能的三个关键点

首先，老师的课程内容要好。有关课程的内容我们前文已经讲了很多，相信大家对它的重要性已经有了深刻的了解。且前文中已经手把手地教大家如何把自己的课程变得更加商业化，这里就不再展开叙述了。

其次，老师需要提高自己的修养水平。修养展现的是人的综合素质水平，靠的是人对自身内在素质的修炼和培养。老师的修养不仅体现在课堂中，也体现在日常的方方面面。比如，我之前在企业工作时遇到过几个老师，和他们聊天时，我感觉非常舒服，愿意和他们一直聊下去。我认为，他们就是非常有修养的老师。他们在面对我提出的简单问题，或是说错的内容时，没有对我冷嘲热讽，也没有对我严厉批评，而是很亲切、耐心地为我解答，告诉我问题的答案和正确的做法。所以，有修养的老师，不会轻易拒绝学员提出的问题，也不会不屑地否定学员的答案，而是会用让人感到舒服的态度来对待学员的提问。

有的老师说，他认为自己的专业能力够强就可以了，毕竟商业讲师和企业的关系不像学校的老师和学生的关系那么密切，商业讲师讲完课能给企业员工带来有用的内容就可以了，和老师自身的修养关系不大。这种观点肯定是错误的，如果是在培训行业刚开始急缺老师时，修养不好的老师确实有可能活下去，因为当时很多企业需要老师来讲课，但是老师数量太少，如果请不到好的老师，企业就只能退而求其次。

举个例子，我之前认识一个老师，他的修养就不太高。有一次我们介绍他去一家企业讲课，到了机场，他突然和我说："小崔，你给我再加2000元吧。"我赶紧问他原因，结果他说："没有为什么，我就是要加2000元，如果不给我加钱，我就不上飞机了。"没办法，我当时只能答应给他加钱。但是现在的情况不同了，培训行业内的好老师太多了，能力比他强的、修养比他高的老师也很多，所以这个老师后来在培训行业就干不下去了，因为他把自己的名声搞臭了，企业宁愿缺课也不愿意再请他去讲课。

这样的老师就是缺乏修养的，提出的就是不合理的要求。当然，老师在和客户、培训机构或经纪公司接触时，也要格外注意一下这个问题，面对对方提出的不合理要求，我们也要坚决反对，保护自己的合法权益，不能一味退让。如果大家都拥有比较高的修养水平，能在互相尊重、要求合理的范围内沟通交流，那么就能取得各方都满意的结果。

最后，老师要有比较强的商务交际能力。有的老师不爱社交，也不爱说话，在和客户的沟通交流中往往会处于不利地位。想要改变现状，这些老师就要进行有针对性的说话练习，提高自己的交际能力。当然，话太多也是不行的，话太多往往会没有重点，还容易把话题带跑偏。所以，老师既不能不说话，也不能说太多话，而是要会挑重点的话说，每句话都能说到客户的心坎里，这样才能让客户真正认可。

这里给大家举一个正面的例子。在培训行业内有一个我十分佩服的老师，他的品牌势能很强，特别会做人，特别会和别人交流，他在培训行业内的口碑特别好。他是怎么做的呢？首先，他的课程内容特别好，讲课效果也很好。其次，他的修养很好，虽然他的资历在培训行业里算比较老的，但是他一点架子都没有，很喜欢和别人称兄道弟，给人的感觉很亲切。最后，他有极强的交际能力，和客户、中介的关系都处得特别好。有个培训机构推他的公开课，最后算钱的时候培训机构亏钱了，在他这单上没赚到钱，他知道后就把自己这堂课赚到的钱拿出一部分来给培训机构，让大家都能赚到钱。他很会替别人着想，别人自然愿意继续和他合作。后来有很多老师的专业能力都比他强，但培训机构还是愿意找他合作，把他推给企业，就是因为他不自私，愿意和大家一起赚钱。

有的老师就比较缺乏这方面的能力。他们在和客户、培训机构的交往中，不愿意吃一点亏，凡事都斤斤计较，到最后谁都没有获得好处。比如，我曾对一个老师说，只要他配合我们的营销，努力付出，肯定能获得很高的授课量。但是这个老师马上说，只有我们多给他提供讲课的机会，给他多介绍客户，他才能配合付出。这种对话就像是进入鸡生蛋还是蛋生鸡的循环，对他的授课量增长一点用都没有。尤其是新入行的老师，一定不要陷入这种思维怪圈。

对于人的品牌势能，我这里还想再多讲讲。我有一次给同事们开会，讲到人的发展好坏要从三个层面来看，老师也是一样。第一个层面叫认知，也就是学习知识的能力。我们想提高自己的认知，就要多看多学，尤其是多了解自己不熟悉的事情，把它变成自己的内容。第二个层面叫能量，我觉得能量有时候比认知还要重要，如果一个人浑身都是负能量，即使他的认知再高，也很难获得成功。我前段时间回老家，见到了很多老同学，他们工作的企业曾经特别好，但是现在因为转型升级，企业效益开始变差。面对这种情况，我的老同学们分成了两类，一类人一直在抱怨，说经济不好、企业不好、领导不好，总之什么都不好；另一类人则在寻求帮助，努力学习其他知识，认为现在的不好只是暂时的，只要坚持下去，肯定能获得成功。第二类人处于正能量的循环中，即使他们现在的认知能力差，但是通过学习，他们的未来是可以期待的。但是，第一类人就很难取得成功了，因为他们已经没有了前进的动力。第三个层面叫趋势，也就是要跟着政策的变化走，要符合市场的发展规律。比如我们培训行业，目前的趋势是同行间的竞争越来越激烈，你只能接受这种趋势，积极面对竞争，而不是满腹牢骚。

为什么要给大家讲这个故事呢？因为前两个层面是我们可以控制的内容，我们的认知可以通过学习来提高，我们的能量可以通过修炼来提升，这都属于比较主观的内容。趋势是客观的，我们只能跟着它走，凭我们自己的力量很难改变它。但是，我们可以通过调动自己的主观能动性，充分发挥我们的势能，提高我们的能力，使自己的未来充满无限可能。

利用讲师能量谱

讲师能量谱可以体现个人品牌势能。在我看来，给学员带来好的状态，是老师的一种责任。如果你对自己的状态和讲课的关系还摸不太准，那么你可以参考我们总结的讲师能量谱，对照来看，你就能知道自己是否需要调整状态了（见图5-14）。

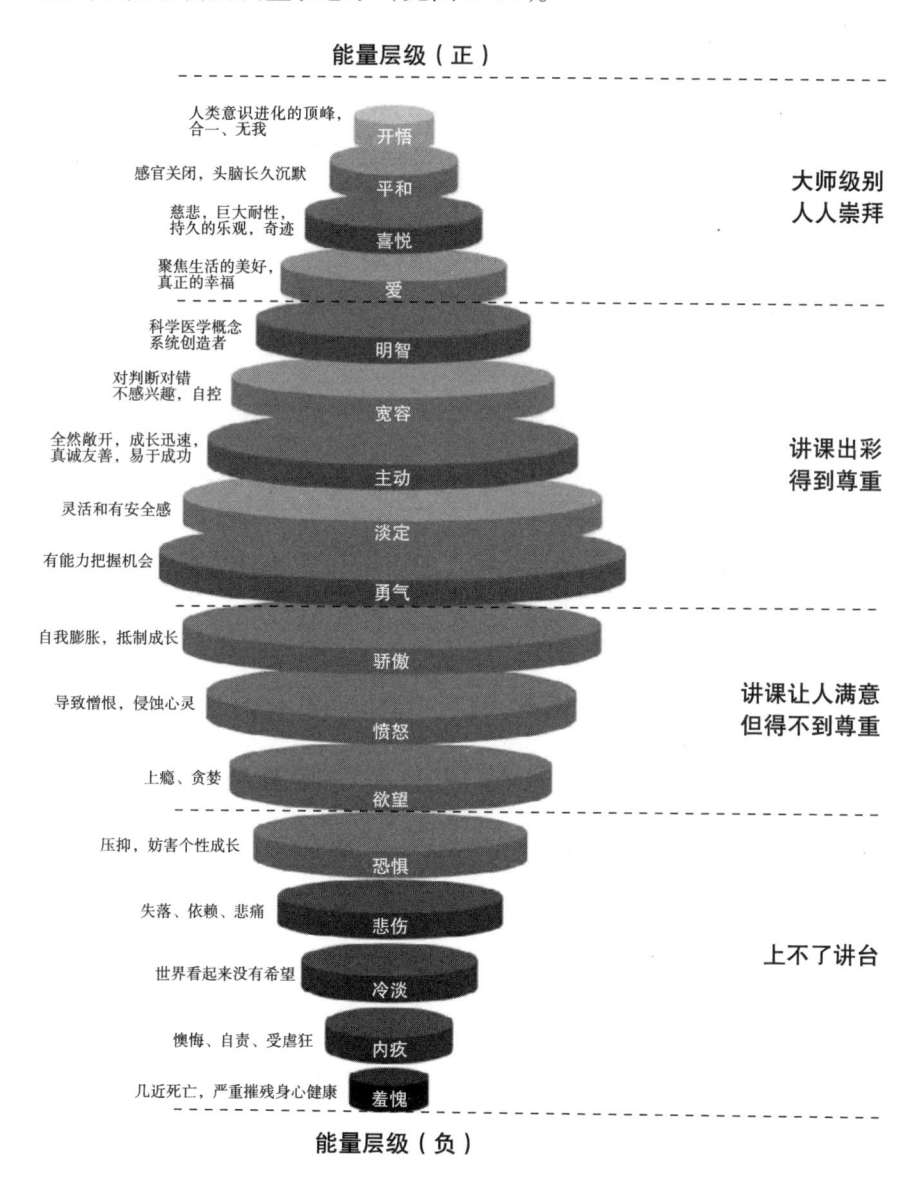

能量层级（正）

描述	层级	评价
人类意识进化的顶峰，合一、无我	开悟	
感官关闭，头脑长久沉默	平和	大师级别 人人崇拜
慈悲，巨大耐性，持久的乐观，奇迹	喜悦	
聚焦生活的美好，真正的幸福	爱	
科学医学概念系统创造者	明智	
对判断对错不感兴趣，自控	宽容	
全然敞开，成长迅速，真诚友善，易于成功	主动	讲课出彩 得到尊重
灵活和有安全感	淡定	
有能力把握机会	勇气	
自我膨胀，抵制成长	骄傲	
导致憎恨，侵蚀心灵	愤怒	讲课让人满意 但得不到尊重
上瘾、贪婪	欲望	
压抑，妨害个性成长	恐惧	
失落、依赖、悲痛	悲伤	
世界看起来没有希望	冷淡	上不了讲台
懊悔、自责、受虐狂	内疚	
几近死亡，严重摧残身心健康	羞愧	

能量层级（负）

图 5-14　讲师状态能量谱

首先，如果老师的状态是羞愧的、内疚的、冷淡的、悲伤的、恐惧的，那么说明他目前不适合上讲台讲课，而是需要马上调整自己的状态。这种状态的老师即使上了讲台，也讲不出什么有用的内容，无法和大家进行正常的交流。

其次，如果老师的状态是有过多欲望的、愤怒的、骄傲的，那么他的讲课内容应该会让学员满意，但是他得不到学员的尊重，很可能失去再次给企业讲课的机会。这种状态的老师一般专业能力很强，有些自负，觉得自己最厉害，其他人都不行，会让学员产生老师不尊重自己、看不起自己的感觉，对老师的印象就会变差。

再次，如果老师的状态是有勇气的、淡定的、主动的、宽容的、明智的，那么他讲课就会很精彩，而且也能获得学员的尊重。

最后，如果老师的状态是有爱的、喜悦的、平和的、能让人开悟的，那么他的课程就是大师级别的，学员不仅会尊重他，更会崇拜他。当然，能够达到这种状态的老师屈指可数，我们一般会称这种类型的老师为"大师"。我曾经见过几位称得上是大师的老师，真的就像图 5-14 中的词语描述的那样，在和你谈话时都是和风细雨的，让你躁动不安的心也能随着他的话语平静下来。听这种大师讲课，你会感觉很舒服，好像所有的烦恼和困难都不再是问题。而且，他们对人的影响不只在上课时，更在课程结束后，听完他们的课，你会有种开悟的感觉，获得一些从来没接触过的想法和思路。

自我迭代和提升

品牌势能主要体现的是老师在客户心中的形象。从上学时开始，我们一直被教导要尊师重道，"春蚕到死丝方尽，蜡炬成灰泪始干"，老师就像蜡烛一样燃烧自己，照亮别人。大家都很尊重老师，觉得老师很伟大。商业讲师也要注意自己的形象，不要给客户留下不好的印象。品牌势能取决于客户对老师的认知，老师做得好，品牌势能就能增加，老师做得不好，品牌势能就会降低，而且还会影响到客户对老师其他方面的印象。

所以，老师要注意保存好这种势能，不要给自己的形象抹黑，争取在客户心中一直保留最美好的形象。老师的品牌力势能就能得到保障，其品牌价值也会愈加凸显。而且，老师一旦有了势能，站到讲台上时就会散发出属于老师的独有魅力，让客户发自内心地喜欢老师。这样老师的品牌力自然不会太差，也会得到更多客户的尊重和认可。

第六章

销售力——撬动培训市场，成为受欢迎的商业讲师

- 商业讲师如何快速建立市场认知
- 好的商业营销资料是寻找客户的敲门砖
- 商业讲师营销资料有哪些
- 如何打造撬动市场的营销资料
- 如何让销售员更好地了解自己，将自己快速推向市场
- 这些事和销售员做好配合

在前面的章节中，我们主要讲的是想成为商业讲师的老师应该在产品及品牌方面做哪些提升，涉及道法和心法的内容，让老师对商业讲师这个角色有了比较深入的了解和感受。而下面这一部分内容，则把重点放到了技法上，也就是具体做各种资料的实用方法。

商业讲师如何快速建立市场认知

找到进入市场的切入点

我们作为商业讲师进入市场时，第一步就是快速找到切入点。很多老师对此都有疑问：我到底应该从哪里进入市场？换个角度想一想，如果你是培训机构的销售员，你打算怎么找老师？或者，你现在工作的企业中出现了一个问题，你怎么去找老师，你最看中老师的是什么？

有个曾经在培训机构工作过的老师，分享了他的经历：

以前我们找老师，肯定是发现队伍出现了问题。这时我们就会讨论，是搞内训，还是搞外训。如果我们觉得光凭企业的能力无法解决当前队伍的问题，那我们就做外训，必须去外面找老师。比如我们的问题是技能技巧方面的，那么我们就要选择有相关背景的老师，就是他必须从事过相关工作，有这种实战经验，我们对这一块是比较看重的。之后，我们就会把需求发给与我们合作的培训机构。而且我们不会只给一个培训机构，而是会给很多培训机构发需求。那么培训机构就会给我们很多老师的资料，我们看资料的时候，一般不会全看，主要看简历部分，如果觉得某个老师合适，我们就会让培训机构发一段这个老师的视频，然后我们就能大致明确这个老师是否真正合适了。

也就是说，客户找老师的第一步是确定需求（见图6-1）。

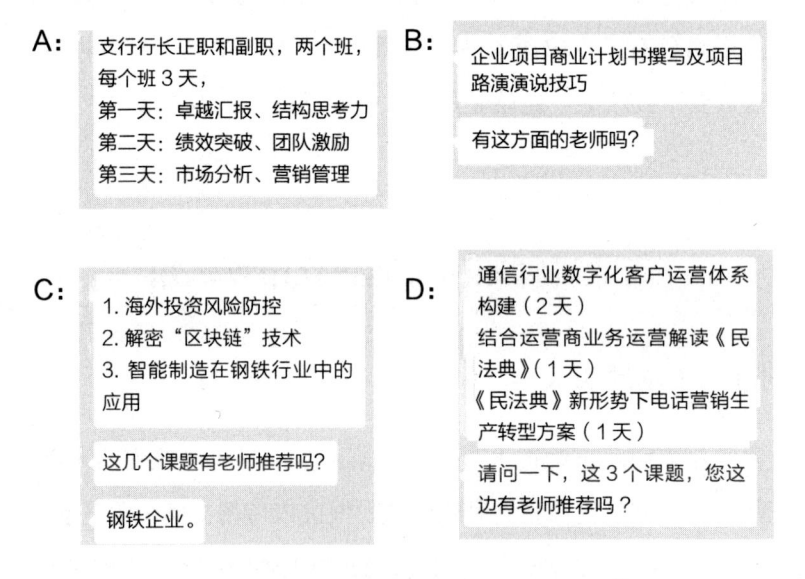

A：
支行行长正职和副职，两个班，每个班3天，
第一天：卓越汇报、结构思考力
第二天：绩效突破、团队激励
第三天：市场分析、营销管理

B：
企业项目商业计划书撰写及项目路演演说技巧

有这方面的老师吗？

C：
1. 海外投资风险防控
2. 解密"区块链"技术
3. 智能制造在钢铁行业中的应用

这几个课题有老师推荐吗？

钢铁企业。

D：
通信行业数字化客户运营体系构建（2天）
结合运营商业务运营解读《民法典》（1天）
《民法典》新形势下电话营销生产转型方案（1天）

请问一下，这3个课题，您这边有老师推荐吗？

图6-1 老师进入市场的切入点：客户的需求

比如，客户觉得自己的销售能力不行，需要加强，这也相当于给了老师一个定位。企业不会说他们就想请某某老师，而是会根据自己的需求来挑选合适的老师。如果老师是行业大咖，或者原本就和客户建立了合作关系，同时客户也印证了老师的交付能力，那么客户说"我下次有类似的培训还要请你",这是可能发生的。如果不是这种情况,客户往往会找一个有相关背景的老师来做培训,因为这符合他的诉求。

作为老师来说,你首先要找一个赛道,能够完全体现自己的专业能力,也就是进行准确定位。这样当客户发来需求时,销售员就会想到,你是讲这个方向的老师,就会把你推荐给客户。比如,客户想找有银行背景的销售老师,如果我是销售员,那我首先要找的是销售老师,其次要在销售老师中挑出有银行背景的老师。所以,销售员会按照客户的想法去寻找老师,而老师就要根据客户的需求,选择自己要去哪个赛道,给自己打哪些标签。这就涉及老师对自己的市场定位了。

对于定位市场的选择

前文提到过,在品牌定位的过程中,老师大致会遇到三种选择:"大海里的小鱼"、"池塘里的大鱼"和"大海里的大鱼"。对于什么是"大海"、什么是"池塘"、什么是"小鱼"、什么是"大鱼",大家都已经很清楚,这里我们来看老师应该如何根据自身定位选择合适的市场(见表6-1)。

表6-1 选择定位市场的具体方法

	利	弊	特点	注意
"大海里的小鱼"	市场大	竞争大	卷	综合配合
"池塘里的大鱼"	市场小	竞争小	小	预期
"大海里的大鱼"	市场大	竞争大	优	品牌

在这里,"大海"或者"池塘"就是你打算切入的市场。也就是说,你是打算切入一个大市场,还是切入一个小市场。举个例子,有一个人力资源行业的老师,他研究的也是人力资源领域的内容,他在

选择市场时就有两个方向：一个是可以切入大市场，他是人力资源的专家，人力资源的所有课他都能讲，那么他就会进入一个相对比较大的市场，属于"大海"的范畴；另一个是切入小市场，他就讲人力资源中的一个模块，比如只讲绩效的课，这就是一个"小池塘"，人力资源中其他的内容，如人员配置、招聘、薪酬、劳动关系等课他都不讲。

"大海"和"池塘"有好坏之分吗？其实是没有的。我们选择哪个市场，主要是看我们的定位情况，这就会涉及我们是"大鱼"还是"小鱼"，也就是我们在这个市场拿到的市场份额，以及我们能够在这个市场中形成的整体的知名度和品牌度。举个例子，"大海"的市场是大的，我们如果是在"小鱼"的时候进入，那么就只能拿到一小块市场。如果我们一直努力工作，有可能变成"大海里的大鱼"，就能在一个大市场里吃下一大块市场。如果我们是"池塘里的大鱼"，那我们就能拿下这个"池塘"里边最大的一块市场，如果我们是"池塘里的小鱼"，那么我们很可能马上就会死掉。

所以，我们的选择至关重要。在选择市场时，第一个是看我们选择的市场情况，第二个是看我们在这个市场中可能的占有率情况。当然，每个市场的状况是不一样的，老师可以有选择地进行取舍。如果选择的是"大海"，肯定是大市场，同时竞争也很大，因为很多人都在这里，都想找一个大市场。"池塘"的竞争是相对小的。老师要根据每个市场的特点，思考一下自己究竟是适合"大海"，还是适合"池塘"。

"大海"里的人多，会比较卷，继而影响到老师的各个方面，客户也会给老师提各种各样的要求。比如老师能不能不坐飞机，改坐火车。如果客户有两个老师可以选择的话，其中有个老师愿意坐火车，那么客户就有可能选择坐火车的老师，放弃坐飞机的老师。这也是影响老师进入某个市场的原因。再比如，有的老师可以提前过去一天，帮客户做一个调研，这对客户来说肯定更有吸引力。可能你会觉得这个是比较极端的情况，但是其实这种情况是经常出现的。

所以，属于"大海"的市场会越来越卷，老师的压力也会越来越大。举个例子，现在的中介机构都希望老师出方案，这是现实需求，而且是相对比较普遍的一个需求。原来客户有领导力的需求，会和老师说："你讲一天领导力的课吧。"现在客户有领导力的需求，会和老师说："我要做一个员工培养的项目，你能不能帮我出个方案？"这就是"大海"的市场现状，客户会提各种各样的要求，希望老师配合他们，包括价格、时间、交通等方面，而且要求会提得很细。

老师如果是"池塘里的大鱼"，因为市场小，所以相对来说话语权会高一些。举个例子，大家平常做饭经常要用到酱油，现在市场上形成了很多头部的酱油企业，如果我想切入这个赛道，第一可以选择做酱油，那我就变成"大海"里的一条"小鱼"，因为我现在刚入市场，还没有任何品牌知名度、竞争力，我想生存下来，就需要跟大厂做竞争。其实我还有第二种选择，"大海"的市场竞争太大，卷得不行，那我选择去做儿童酱油。我不做大家日常吃的酱油了，我做给儿童餐饮提供的酱油。这样我就选了个"小池塘"，因为我放弃了成人市场，只做儿童市场。我在这里不断深耕，形成了我的品牌差异，慢慢就变成"大鱼"了。

但是，做"池塘里的大鱼"会有一个问题，比如我现在想做儿童酱油，但我很难快速让客户知道我是做儿童酱油里边最厉害的，而且儿童酱油的市场需求可能没有那么大，我可能不能快速提升我的客量和销量。所以，如果我选择做"池塘里的大鱼"，前期就要有一个预期，就是进入市场的初始阶段，不会成长得特别快，因为市场小、需求少，同时客户对我的了解程度不够，这时我的成交概率相对就低一些。当我变成这个"池塘里的大鱼"，大家用我的儿童酱油觉得挺好，不买其他酱油的时候，我的销量才会慢慢上来。其实，不管进入哪个市场，都会有一个进入市场、培育市场，最终建立市场地位的过程。

"大海"里的"大鱼"会更难做，因为原来的行业里已经有很多"大鱼"了，而且这些"大鱼"，一提到他们的名字，所有人都知道。这样的"大鱼"是怎么建立自己的市场的呢？其实核心是靠积累和品牌。但是他们的经历别人很难复制成功，因为时代变化很快，现在的营销推广难度更大了。老师想当"大海里的大鱼"，只能靠慢慢沉淀和积累，把自己在行业里的口碑做起来。

大部分老师刚进入市场的时候是"小鱼"，在做"小鱼"的过程中通过不断成长，在行业里积累了品牌影响力，积累了客户认知度，同时做一些市场营销活动、品牌活动，建立了自己在行业里的认知度。如果老师的品牌美誉度起来了，同时宣传也起来了，那么老师就有可能真正变成"大鱼"。

所以，老师要慎重选择切入的市场。在进入市场后，还要努力培育属于自己的市场，从"小鱼"开始，慢慢成长为"中鱼"，最终变成"大鱼"。

好的商业营销资料是寻找客户的敲门砖

我们之前讲到过，商业讲师有三个重要的专业衡量指标，分别是需求转化率、课程出彩率和机构返聘率。在做营销资料这个环节，最重要的是需求转化率，因为课程出彩率和机构返聘率是老师给企业讲过课之后，企业才会给出的评价，这两个指标对于很多新入行的老师来说暂时还用不上。

想要成为合格的商业讲师，你必须通过的第一关就是把需求转化率提升上去。也就是说，你得有合适的课程，之后还得让企业愿意主动选择你，请你去企业讲课。在这个阶段，你可以先不用去管讲课后企业的复购情况，而是保证自己能够出去讲课。

有了授课量，才可能有课程出彩率和机构返聘率，老师在行业市场里才可能做出业绩。在这里，需求转化率就相当于一个数最前面的"1"，课程出彩率和机构返聘率相当于这个数后面无数的"0"，有了"1"之后，后面叠加的"0"才算是有了意义。

我们公司有个老师可以说对此深有感触。他是从2008年开始进入培训行业的，最开始是在一个培训公司做老师的助理。当时还没有太多的讲师经纪公司，老师们想要讲课，往往就会自己开一个培训公司，来推广自己的课程。这个老师是从销售员开始做起的，主要工作就是把老师推广到各种培训机构。他每天给不同的培训机构打电话，问他们有什么需求，需要什么样的老师，之后再把老师推荐出去，以便促成合作。但是这么做的效率特别低，对老师的推广效果也不是很好。

后来，到了2016年左右，他在我们公司做独家老师的推广工作，发现很多老师课程内容不错，讲课也挺好，但是刚开始时课程就是卖不出去，这是为什么呢？这里我先不说答案，大家先看一下这个案例。

有一个老师是讲宏观经济的，讲课讲得特别好，人也很精神，对形势政策的判断也很准确，我们都很看好他，于是马上和他进行了签约。在签约后的头半年，我们也努力对他进行了推广，但就是排不出去课。我们对此很费解，因为他在我们公司内部试讲过很多次课，我们公司的大多数员工，包括销售同事听了他的课程之后，都对他的课程评价很高，甚至有的销售同事拍着胸脯说，肯定能把这个老师的课推出去。

销售同事就拿着这个老师的资料去了培训机构，和培训机构的人说这个老师特别好，请放心推荐给企业，培训机构也没有含糊，直接把资料传给了各种不同的客户。没想到，这些客户看了这个老师的资料后，只有零星的几个客户选择了这个老师，大多数的客户则选择了其他老师。

为了不让这个好老师砸到我们手里，我们开始帮助他进行全面的分析，看是哪个环节出了问题。一分析我们马上就发现问题的源头了，原来是他的营销资料没有做好，导致客户一看他的资料直接就把他排除了。于是，我们对他的营销资料进行了重新整合和调整。之后，我们把这个老师再次推向市场，找他去讲课的企业一下子多了很多。

这个老师的需求转化率总算有了明显的起色，从"0"变成了"1"。一段时间之后，他的课程出彩率特别高，所以后续的机构返聘率也稳步提升，他的整个授课量也算是慢慢起来了。现在，他的抖音粉丝很多，浏览量也很大，同时，他的机构返聘率能达到90%以上。正因为打开了需求转化率，这个老师后续的发展才能如此顺利。

回到前面的问题，相信你已经有了答案。那就是这些老师的营销资料阻碍了他们需求转化率的提升，继而阻碍了他们的后续发展情况。所以，一份好的营销资料，是老师进入商业讲师领域的敲门砖，能帮助自己快速打开市场。

商业资料的两大核心难点

老师进入市场的第一步，就是让自己的商业资料具有成交性和战斗力。商业资料作为客户接触老师的第一手资料，是客户对老师的第一印象，其地位自然不言而喻。现在大部分老师都对商业资料非常重视，但并不知道具体该怎么操作才能让自己的商业资料在客户那里脱颖而出。其实，想要解决这个问题并不难，只要你跟着我们学习，按照我们的方法对你的资料进行修改和调整，那么你的商业资料就会变得更有竞争力，也会更吸引企业的关注。

商业资料是销售力中的一个重要环节，它的难点和销售的难点其实是共通的。所以，在对商业资料进行分析前，让我们先看一下销售最核心的两大难点（见图6-2）。

> ★ 让客户知道　　★ 让客户相信

图 6-2　销售最核心的两大难点

对于销售的难点，相信做过销售相关行业的老师肯定不会陌生。根据对老师的调查，我们发现老师对此都有各自的看法，而且这些看法都很有意思。比如，有的老师认为，销售的两大难点是如何了解客户的需求，以及如何满足客户的需求。有的老师认为，销售的两大难点，一个是信任，如何快速地让机构、客户、学员信任你，觉得你能把课讲好；另一个是安全，要让客户有安全感，认为你在讲课时不会出什么大错，或者给企业带来不好的影响。还有的老师认为，销售的两大难点是专业和信任，商业资料是老师专业化的一部分，就像是老师的一套衣服。没有人会愿意通过邋遢的外表去看你的内在，即使你的内在很完美，人们也不会产生兴趣。如果你在资料中表现得很专业，那么让企业对你产生信任也就不是什么难事了。

这些老师说的都有道理，在我看来，销售的核心是突破，像商业讲师的主要目的就是不断拓展市场范围，获得更多的效益和影响力。那么，突破的核心难点是什么呢？**第一个是让客户知道**。如果客户不能通过你的资料了解你的能力水平，那么即使你的专业能力再强，客户也不会选择你。比如，你做了一种产品，放到了自己家里，客户并不知道你能做这种产品，自然也不会主动过来买你的产品。**第二个是让客户相信**。客户知道你之后，你还要通过资料让他对你产生初步的信任和兴趣。如果你能让客户既知道你又相信你，同时还有相应的培训需求的话，那么你就比较容易和客户达成合作。

在这两个难点中，让客户知道可以借助培训公司或讲师经纪公司来实现。这些中介机构的销售员到各家企业进行的推广和宣传，可以比较快速地打开老师的知名度，让更多的企业了解老师的基本情况。而且这些中介机构也会收到很多来自客户的需求清单，他们会根据清单上的要求，挑选出合适的老师，并把资料传给有需求的企业。与这个难点相比，让客户相信要难得多。

这时，商业讲师往往面临两个方面的挑战。第一个挑战，是老师对市场的选择（见图6-3）。这里，我们把市场分成了两类：第一类是

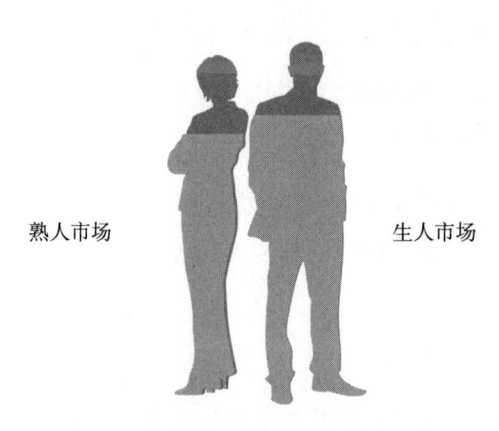

熟人市场　　　　　　　生人市场

图 6-3　挑战 1：老师对市场的选择

熟人市场，也就是老师之前辅导过的客户，也称存量客户；第二类是生人市场，也就是老师没接触过的客户，彼此是完全陌生的关系。老师之前如果已经有了讲课的经验，那么就会面临这个问题，究竟是选择熟人市场，还是选择生人市场呢？

很多老师喜欢选择熟人市场，认为客户已经对他们有了一定的了解，所以选择他们讲课的概率就会大很多。但是，这样做有一个弊端，就是无法有效拓展新的市场。如果我们想要把市场做大，想要获得更多的授课量，那么就必须进入生人市场，也就是要做增量需求。生人市场可以帮助老师吸引到更多的客户，并有机会和他们达成合作，扩展老师的客户圈。

第二个挑战，是客户选择老师时的固有认知（见图6-4）。这种固有认知就是客户喜欢用老不用新。

图6-4 挑战2：客户选择老师时的固有认知

中介机构希望签约的新老师能够马上被市场接受，授课量能够马上起来，这样不仅老师能多排课赚钱，中介机构也能赚到钱，从而使大家达到共赢。但是以我们那么多年的培训经验来看，市场对于新老师有一个慢慢接受的过程,不会一开始就完全接纳新老师。更多的企业还是愿意用以前的老师,如果没有遇到完全无法处理的情况,就不愿意轻易替换老师。

新老师如何赢得客户信任

一般需要老师到企业讲一段时间的课程,有了一定的积累之后,销售的两个难点才能解决,新老师逐渐变成有经验和实力的老师,市场也逐渐从生人市场变成熟人市场,老师和客户的信任关系也就建立成功了。

那么,新老师在客户那里真的一点机会也没有吗?当然不是。新老师想要让客户产生信任,最终顺利成交,就需要写好商业资料,让客户能够产生新的体验,而且这种新的体验能完全代替旧的体验,不用花费太多的替换成本,这样客户才会愿意合作。下面是我们总结出来的客户信任成交公式(见图6-5),老师按照这个公式,就能突破销售的两大难点,顺利取得客户的信任。

> 信任成交 = 新体验 + 旧体验 + 替换成本

图6-5 客户信任成交公式

在这个公式中,新体验指的是老师的商业资料里要有一些新的内容,最好能让客户眼前一亮;旧体验指的是客户原本就了解的内容,这类内容尽量少出现;替换成本指的是新老师的报价情况、交付情况和风险等级情况。客户只有将新老师和之前的老师的情况进行对比,才能知道替换成本是否在可接受的范围内。

客户在对新老师的这几个方面做评估时，一般很难到现场进行面对面的交流，更可能会通过电话、视频等方式进行沟通，在和老师的交谈中评判一下替换老师可能遇到的风险点。如果客户觉得新老师的内容足够优秀，且能够承受替换老师所带来的风险的话，那么双方就比较容易成交。

这里说的方法看似简单，实际上很难做到。老师要重视用商业资料敲开客户的大门，让客户在交往前期就能对老师产生信任，从而达到从"0"到"1"的突破。

商业讲师产品具有特殊性

这里讲的商业讲师产品不仅仅是具体的产品内容，还包括老师在内的整体产品内容（见图 6-6）。

买手机与选择老师的对比	老教师与新老师的对比
★ 新体验 ★ 旧体验 ★ 替换成本	★ 新体验 ★ 旧体验 ★ 替换成本

图 6-6 商业讲师产品具有特殊性

我们曾经有一个从培训公司出来的老师，他对此有比较深刻的理解。在他看来，老师也是整个课程产品中的一部分，老师去客户那里讲课，也是在推销自己。如果老师能取得客户的信任，那么客户就会倾向于再次选择这个老师。虽然我们买产品时都喜欢买新品，不喜欢买旧品，但是老师作为产品来说比较特殊，因为挑选老师付出的成本要比普通产品高很多。

比如，手机有了新品后，人们一般都会直接选择新品，因为二者的价格差不了太多，但新品的功能、品质会比旧品高很多，所以选择新品对人们来说是有价值的事情。但是客户选择老师就不一样了，因为老师不属于实体产品，不能提前试用，客户如果想选择新老师，就要去培训机构进行挑选，之后要请老师到企业里进行试讲，这些费用都需要客户来出，花费的成本就太高了，而且有极大概率新老师讲课的水平不如老教师，造成客户花了钱还没办成事。所以，大多数客户为了避免这种情况的发生，就会偏重于选择已经合作过的老师，因为彼此知根知底，不易出现太大纰漏。

有的新老师把这件事想得很简单，觉得把课程定价做低一些，就能使客户的成本降下来了。但这只是明面上的成本，还有很多隐性成本没有算上。举个例子，有个新老师的课程定价是 8000 元，客户一直合作的老教师的定价是 10000 元，表面上看如果客户选择新老师的话，能节省成本 2000 元。其实，这 2000 元在客户的培训预算中只占很小的比例，客户最关心的成本其实是老师讲课给企业带来的结果如何，能不能解决企业出现的问题，能不能帮助员工提高工作效率，能不能使企业顺利发展，等等，这些就是老师给企业带来的隐性成本，是用明面上的钱算不出来的成本。企业负责培训的管理者请了一个新老师，如果讲得不好，可能还会连累这个管理者，所以他不会轻易冒风险替换成新老师，而宁愿继续和老教师合作。

客户选择新老师的决策流程

如前所述，客户企业一般很少选择新老师，而愿意用老教师。那么，客户如果打算选择新老师，一般会是什么原因呢？具体的决策流程是什么呢？

一般来说，客户主动放弃老教师，想选择新老师，很可能是因为老教师的课程内容已经不能满足客户的需求，无法解决企业发展遇到的新问题。企业的发展一直都是动态的，需要根据环境的变化而主动寻求改变。而很多老师的课程内容只适用于某一种环境、某一个时间段或某一个范围内，环境改变后，他们的课程内容就解决不了新的问题了。这时，企业就只能被迫寻找适合新环境的、有相应专业背景的老师来解决企业新出现的问题。而且，从学员的角度来看，如果企业请的老师一直在重复讲同一类主题内容的话，他们肯定会感到厌烦，不愿意继续学习，而企业为了调动起他们的积极性，有时也会换新老师，给学员带来一些新鲜感，吸引他们来主动参加培训学习。

所以，客户有抛弃老教师的念头后，也就相当于有了新的市场需求，这时就给了新老师机会。客户会先找到培训机构或者讲师经纪公司，让这些中介机构给他们推荐一些新老师。中介机构就会从众多的老师中进行挑选，如果某个新老师的商业资料做得好，有新的内容，和客户之前的老师讲的内容不同，那么中介机构就会把这个新老师推给客户，以便拿下这个客户。

还有一种情况，中介机构愿意推新老师，那就是其他老教师比较忙，课程排得比较满，中介机构又不愿意错失客户时，就会把新老师推荐给客户。

所以，虽然新老师的机会比老教师少，面临很多困境，但不是完全没有机会。我们合作的很多企业，每年都会有针对中层领导的培训班，参加培训的学员一般都是那些人，不会有太多变化，所以，这些企业就会每年请不同的老师去讲课。今年请了 A 老师，明年就会请 B 老师，后年再请 C 老师，这样讲的内容就会有所区别，不会出现连续几年都讲一样内容的情况。

此外，还会有一些使客户主动换老师的情况。比如，行业内出现了新的课题，老教师不愿意配合客户工作等，都有可能使客户产生换老师的念头。

而且，现在的培训行业竞争激烈，很多新老师的课程价格会制定得较低，在成本方面的竞争格外激烈。同时，很多企业现在的经济情况不是那么景气，所以对费用的把控变得严格了很多，比如原来愿意花 10 万元进行培训的企业，可能现在只愿意花 5 万元了。那么，企业中负责培训工作的领导，就只能重新找平衡点，这时他们就会主动去市场上寻找新的老师，希望新老师既有原来老师的专业水平，而且价格还能在企业的预算范围内。

这就是新老师的机会。新老师刚进入市场时的价格肯定不会太高，如果讲的课程内容也符合客户的期待，就很有可能通过价格优势取代老教师的位置。

促进定课的影响因素

新老师不要丧失当商业讲师的信心，请相信，你完全有机会和客户达成合作。当你有向客户推荐自己的机会时，你应该如何去做呢？有哪些因素会影响客户对你的看法呢？

这就涉及定课的内容。根据我们的总结，影响定课的因素主要有两个：一个是销售员的推荐；一个是客户看到资料后的评价（见图 6-7）。

★ 销售员的推荐 ★ 客户看到资料后的评价

图 6-7　促进定课的影响因素

对于老师来说，这两个因素中影响更大的当然是客户看到资料后对老师的评价情况。这里的资料包括老师的形象、背景、个人简历、专业能力等内容。销售员的推荐只能对客户产生影响，并不能决定客户的购买行为。客户听取销售员的推荐后，会认真看交上来的老师的基本资料，并根据这些资料决定，是否让这个老师来企业讲课。所以，客户才是最终的决策人，他觉得老师的资料可以满足企业的培训需求，就会同意老师来企业讲课；如果觉得老师的资料和企业的要求相差甚远，就会拒绝这个老师。

而销售员的影响主要体现在前面和客户沟通的部分，也就是客户有了需求，找到培训机构或讲师经纪公司，这时销售员会把合适的老师的资料发给客户。所以，销售员如果觉得一个老师的条件很不错，就有可能主动把这个老师推荐给客户，但是，最终的决定权在客户那里，不管是项目经理还是负责采购的领导，都会拿这个老师的资料进行印证，如果这个老师的资料和销售员的话能够对应上，那么客户就会对这个老师产生好的印象，合作的概率才会增加。

客户购买课程的完整流程

客户购买课程的流程如图 6-8 所示。客户有了新的需求之后，一般不会和老师直接联系，而是会通过中介机构来找新老师。

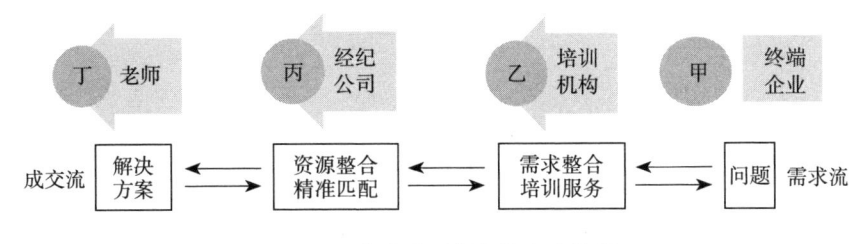

图 6-8 客户购买课程的完整流程

老师和客户真正见面的时间其实很晚,一般要到正式讲课的前一天,甚至是正式讲课的当天。但是,定课成交肯定是在正式上课之前就已经确定了的,这个过程中起到重要作用的就是培训机构和讲师经纪公司,客户和老师都需要通过这些中介机构来互相传递资料、沟通信息。

在这一整套流程中,首先,要由客户企业来提出问题和需求;其次,培训机构要把这些需求进行整合,列出企业需要的具体培训服务事项;再次,经纪公司要根据培训机构给出的培训服务事项进行内部资源的整合,从中挑选出适合该企业的老师,和企业进行精准匹配;最后,老师收到企业的需求,对这些需求进行调查和分析,总结出企业存在的问题,并形成对应的解决方案。

其中,老师负责产品的研发交付,经纪公司负责对老师进行营销推广。为了让经纪公司有足够多的推广内容,老师需要提供具有成交属性的商业资料。所以,老师不是只讲课那么简单,而是要给企业一套可交付的解决方案,也就是符合企业需求的商业资料。

经纪公司首先关注的就是老师的资料,这个指标代表着老师在销售员心目中的识别度。销售员每天的工作就是匹配需求,他在推老师这件事情上最怕的是什么呢?推一次失败一次。如果失败次数太多,销售员心中会想:这个老师看来不太靠谱,那么我换一个老师试试吧。另外,老师看到经纪公司推了自己那么多次,结果都没有成交,这时就要马上行动起来,主动联系经纪公司,一起分析是哪里出了问题。

经纪公司其次关注的是老师课程的满意度情况。也就是每一次交付完之后,经纪公司要汇总对老师的反馈情况,不仅包括客户的反馈,中介机构也是老师满意度反馈中的一环。举个例子,我们公司有个老师常驻地是西安，有一次我们给他安排了一个在西安的课程，离他家很近，走路不到半个小时就能到客户那里。结果这个老师非要住酒店，销售员没办法，只能一次次地进行沟通。这就给中介机构留下了非常不好的印象，销售员下次可能就不愿意再推这个老师的课了。所以，老师有时也要站在销售员的角度考虑问题，不能太过自我。

如前所述，老师的需求是中介机构给的，中介机构的需求是终端企业给的。那么问题来了，终端企业会只给一家中介机构发需求吗？当然不会。所以老师要超过行业内其他竞争对手，才有可能拿下这家有需求的企业的课程。这就要求老师的资料必须有亮点，同时对销售员发来的问题也必须及时响应。这样遇到客户有需求时才能马上做出反应，成功抓住这次课程的机会也会大大增加。

对于中介机构发给老师的客户需求，老师一定要认真对待，投入时间和精力去开发课程，就算最后没有成功，对老师来说也有很高的实际价值。首先是赢得了中介机构的信任。其次是把讲课的课题从5个变成了6个，甚至更多。这样，老师拥有的课程数量就会越来越多，能够选择的课题也就越广，以后再遇到类似的课题时，老师就能做到心中有数。因为课程体系越完整，内容越深，涉及的问题越清楚，老师在现场解决问题的概率就会越高，相应地，老师交付的成功性就更高，回款和口碑就会更有保障。

我们把从终端企业到培训机构、经纪公司，再到老师的这一套过程称为需求流，即企业把需求给培训机构，培训机构把需求给经纪公司，经纪公司根据需求找到老师，并把老师推荐给企业，由此形成一个完整的闭环。而成交流的载体就是老师的商业资料。销售员向企业推销老师，在促成成交的过程中，一般要向企业传递老师的资料，如果能打动对方，才有可能最终成交。所以，商业资料的重要性不言而喻，它既能反映出老师的真实实力，同时还可以让客户做出比较客观的决策。老师的商业资料是促成成交的核心因素，这也是其核心价值和意义所在。

商业讲师营销资料有哪些

商业讲师营销资料九件套

为了更好地推广老师，我们在公司的销售系统里，一般会帮助老师做下面这几个方面的商业资料，分别是整体资料包、课件、讲师要求、高清个人照、上课照片反馈、资质证书、视频素材、宣传推广素材和销售话术（见图6-9）。我们公司会把老师的这些营销资料放到公司系统里，进行公开展示，同时还会把这些资料发给销售员，让他们通过资料熟悉老师的基本情况。

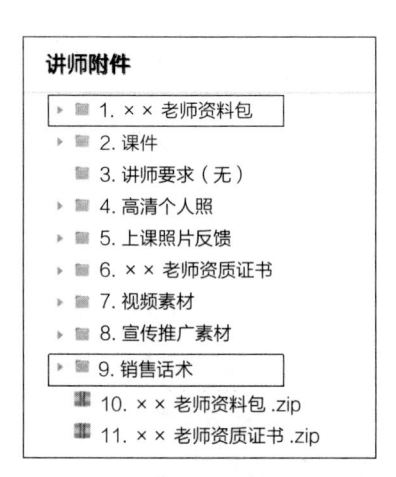

```
讲师附件
  ▶ 📁 1.××老师资料包
  ▶ 📁 2.课件
  ▶ 📁 3.讲师要求（无）
  ▶ 📁 4.高清个人照
  ▶ 📁 5.上课照片反馈
  ▶ 📁 6.××老师资质证书
  ▶ 📁 7.视频素材
  ▶ 📁 8.宣传推广素材
  ▶ 📁 9.销售话术
     📁 10.××老师资料包.zip
     📁 11.××老师资质证书.zip
```

图6-9　商业讲师营销资料九件套举例

对于各位老师来说，不要一看到有那么多材料要准备就开始打怵，想要放弃。其实，这里面需要老师重点整理和制作的只有第一项整体资料包和第九项销售话术，其他几项都属于比较基础的材料内容，比如个人照、各种资质证书及材料等，老师一般之前就已经整理过，直接把资料发给培训机构或讲师经纪公司就可以了。

所以，老师需要把重点放到第一项和第九项。这两项资料，按它们的具体内容，分成对外素材和对内素材（见图6-10）。其中，对外素材就是个人简介、课程大纲和商业视频，对内素材就是销售话术手册，它们对老师的价值和产生的作用是不一样的。

对外
★ 个人简介
★ 课程大纲
★ 商业视频

对内
★ 销售话术手册

图6-10　对部分商业资料的分类

对外核心营销资料

很多老师都会问我们这么一个问题，为什么要选择个人简介、课程大纲和商业视频作为对外营销资料呢？这主要和前文提到过的需求流上的四个主体有关（见图6-11）。

老师在经纪公司的帮助下，进行课程大纲、个人简介、商业视频，以及定价四个方面资料的准备工作。之后，如果有客户（即有需求的企业）向培训公司提出了相关的培训需求，培训公司就会找到经纪公司，要求推荐老师。这时，经纪公司会通过"四推"，即推课题、推背景、推风格、推老师的综合性价比，把合适的老师推荐给培训机构。

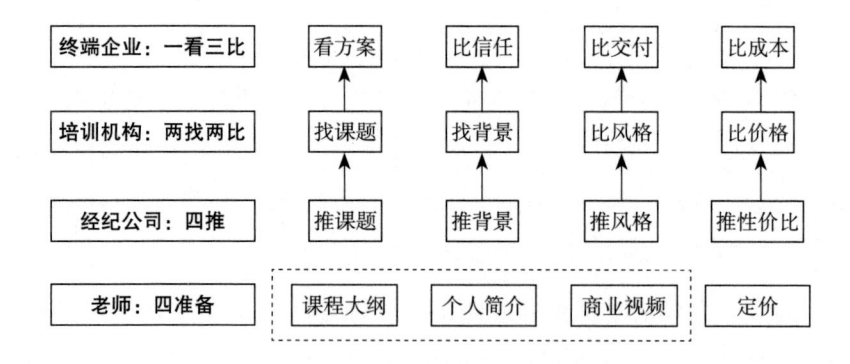

终端企业：一看三比	看方案	比信任	比交付	比成本
培训机构：两找两比	找课题	找背景	比风格	比价格
经纪公司：四推	推课题	推背景	推风格	推性价比
老师：四准备	课程大纲	个人简介	商业视频	定价

图 6-11　选择商业讲师对外营销资料的依据

　　培训机构收到老师的资料后，就会通过"两找两比"来筛选老师，即找课题、找背景，拿到资料之后还要比风格、比价格。

　　举个例子，培训机构的销售员会给经纪公司发来消息，说他们现在收到一个针对新员工的培训需求，能不能给他们推荐一个有人力资源背景、能讲新员工职业话术课程的老师；或者他们现在要找一个有银行背景，能够讲销售礼仪、销售话术课程的老师。这些都是在找背景。如果是找课题的，他们就会说，"能帮我们推荐一个讲职业化课程的老师吗？""能帮我们推荐一个讲领导力课程的老师吗？"等等。如果经纪公司刚好有这种类型的老师，就会把他们的课程大纲、个人简介、商业视频等资料发给培训机构，培训机构看完这些资料后，就会开始比风格、比价格。

　　比风格，也就是看老师的授课风格是否和客户企业一致，至少没有大的差别。比价格，不仅是课程本身的价格，还包含其他的相关费用，比如很多机构会考虑老师的居住地与客户所在地的距离远近。我们曾经就遇到过类似的情况。有一家广州的企业找到一家培训机构，说自己想要与提升员工职业化素养相关的课程，于是这家培训机构找到了我们，我们了解了这家企业的基本情况后，给培训机构推荐了两个老师，第一个老师居住地在广州，课酬 8000 元；第二个老师居住地在北京，课酬 6000 元。二者的讲课质量基本无差别，学历背景也不相上下。如果你是培训机构的老师，看完这两个老师的基本情况后，你会选择哪个老师推荐给企业呢？相信大家都会选第一个老师，虽然他的课酬比第二个老师贵 2000 元，但是他和企业在同一个地方，省去了交通费和住宿费，还避免了因天气、环境等问题出现的飞机取消、延误等不可控风险。所以，综合成本算下来之后我们就能发现，第一个老师可能比第二个老师还要划算一些。

培训机构选好老师后，就会把老师的资源传给客户查阅。客户一般会看方案，之后比信任、比交付、比成本，通过"一看三比"，来最终选定老师。其中，看方案是最核心的内容。方案指的就是老师的课程大纲资料，比如一家有职业化课程需求的企业，肯定想看到的是有关职业化内容的课程大纲，而不是其他内容。如果老师的课程大纲和企业的需求是相匹配的，那么企业就会看下一个资料：老师的个人简介。通过个人简介，企业会比信任，看老师的个人经历是否可以支撑他讲好这方面的内容。同时，企业还会根据老师的商业视频来比交付，也就是看老师的能力是否可以讲好这门课。最后，在确认老师能讲好这门课后，企业还会比一下成本，这里的成本指的是综合成本。

所以，我们选择这三个资料的主要原因，就是它们可以给客户和培训机构提供想要了解的内容（见图 6–12）。

课程大纲	个人简介	商业视频
★ 快速获取市场机会点	★ 快速让客户相信"我能讲"	★ 快速让客户相信"我能讲好"

图 6–12　对外商业资料三件套的作用

课程大纲的作用是快速获取市场机会点。新入行的老师要特别重视这一点，如果想快速扩客的话，就必须把课程大纲和市场需求做比较完整的匹配，如果匹配成功，就会获得更多企业的关注，想要提高授课量也就不是什么难事了。比如，有个企业想要找讲领导力的老师，那么他就会格外关注课程大纲是领导力内容的老师。这时如果有一个老师说自己是行业专家，也很会讲领导力，但是拿不出和领导力相关的课程大纲，就很难和企业达成合作，因为空口无凭，他拿不出相关的材料，企业自然很难相信他。而且，新入行的老师在行业内一般知名度不会太高，也没有什么品牌号召力和影响力，想要把自己推广出去就会很困难。如果老师能做出与市场配合度高的课程大纲，我们就有了可以向客户推广的材料，那么老师被客户选中的概率就会大大增加。

个人简介的作用是快速让客户相信"我能讲"。通过阅读个人简历，企业能够了解到老师的过往工作经历和专业知识技能情况，对于老师的专业能力可以做到心中有数。比如，培训机构给企业提供了两个讲领导力的老师，他们的课程大纲都是有关领导力的，做得也都很好，这时企业就会通过个人简介进行挑选。如果在这两个老师中，第一个老师的简历显示他在领导力方面有着丰富的行业经验，而且曾在行业内的一家知名企业中做过相关工作，获得过一定的奖励；而第二个老师的简历要逊色很多，刚入行不久，在领导力方面并没有太多的经验，只是在理论方面准备比较充分。那么通过比较两个人的个人简历，企业肯定会毫不犹豫地选择第一个老师。

老师的商业视频的作用是快速让客户相信"我能讲好"。企业考察完前面两项资料内容后，对老师的情况已经有了一个比较全面的了解。但是商业讲师不是专家或咨询师，需要站在讲台上，给众多的学员讲课，所以企业会担心老师有货倒不出来。为了消除企业的这种担心，老师还要给企业准备一段视频内容，通过视频告诉企业，他不但有这方面的专业能力，还能把这些专业知识讲出来。

老师一定要对上面这三个资料有足够的重视。如果老师的素材资料完备，有具备市场需求的课程大纲、让客户认可的个人简介和使客户感到安心的商业视频，那么就可以快速达成合作（见图6-13）。这就是我们强调的做商业资料背后的主要逻辑，这三个资料可以帮助老师得到企业的认可，成功地把自己推销出去。

课程大纲
匹配市场
需求
＋
个人简介
让客户认可
＋
商业视频
让客户放心

＝ 快速达成合作

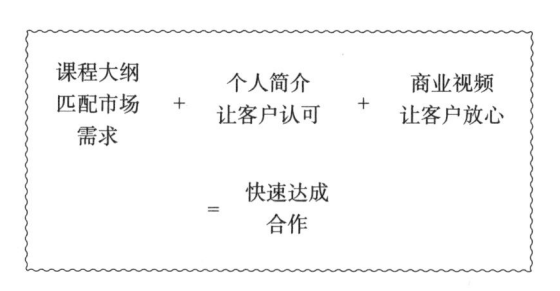

图6-13　讲师快速达成合作的公式

我们也需要带着这样的思路来审视自己其他的营销资料，先给自己打一个分，看看做好的资料是否能够及格。如果你觉得自己做的资料不能满足客户的需求，设置的背景、内容等客户看了之后觉得有问题，那就说明你的资料还有很大的改进空间，还能做得更好。如果你觉得自己做的资料客户看过后，会觉得这个老师课讲得挺好，想进一步了解这个老师的情况的话，就说明你的资料准备得很充分了。不妨想想，如果你是客户的话，是不是会选择这个老师。

个人简介：个人优势手册

前文讲产品力的章节中，已经对课程大纲的内容有了比较详细的说明，而商业视频理解起来比较简单，这里就不再展开，我们重点看一下个人简介应该如何制作。我们先来看个人简介中的常见问题（见图6-14）。

> ★ 简历直接抄过来了
> ★ 一股脑都写上去
> ★ 梗概写了一下，没有详细描述
> ★ 经历的价值点不会呈现

图6-14 个人简介中容易存在的问题

很多老师把能写的全部写到简介上，比如，我做过这个项目、干过那项工作，我从基层干到高层。有的老师则写的不太清楚，或者太简单，比如就写了一个职务，我在某某公司某某岗担任过某某职务。

我们要顺着客户看资料的思路来做个人简介。首先客户会看定位，比如客户要找领导力的专家，就会看老师的定位是不是领导力专家；其次要看老师能不能讲好课，比如老师做过高管，也在大企业里讲过领导力，客户就会觉得老师有能力讲好这个内容。所以客户最想看到的是老师做得怎么样。我们常说不以结果论英雄，但实际情况就是以结果论英雄（见图6-15）。

> **结果论英雄**
>
> 实战结果——有效果、能落地——实用
> 理论结果——有高度、有体系——专业

图6-15 个人简介的作用

个人简介的呈现结构如图 6-16 所示。我们一般通过这四部分内容来展现专业能力和授课水平，这四部分内容分别是：总述，对个人在专业方面整体经历和结果的展示；结果，课程对客户产生的影响，一般用列数据、成果的形式进行展示；体系，关于本行业的相关理论体系或知识系统，其中要有自己的思考内容；使命，课程想要帮助客户或行业达到怎样的愿景，一般会制定一个比较高的目标。

图 6-16　个人简介的呈现结构

首先，个人简历中的总述部分。让我们看下面这个案例（见图 6-17）。

定位要总括概述老师专业方面的整体经历和整体成果
要点：工作、培训年限、聚焦领域、综合成果

案例：刘××，20 余年独特的工作经历，先后任职于中兴、华为等知名企业，拥有丰富的技术研发、市场战略规划等实战经验，对企业战略管理有全面深入的了解；擅长针对不同规模、不同行业的企业"量体裁衣"，提供聚焦企业实际发展问题的战略服务。

案例：荣×× 老师，拥有 12 年以上的一线政府和企业党建实操经验，历任政府综合办主任、上市公司高管及党办主任、支部书记等职务，同时拥有 6 年以上党政授课经验，擅长系统梳理、拆解国家党政政策精神，并与企事业单位现状融合，让政府部门、企事业单位更好地领会国家政策精神。

图 6-17　个人简介中对总述部分的举例

第一个案例：刘老师有 20 余年的工作经验，先后任职于中兴、华为等国内外知名企业，拥有丰富的技术研发、市场战略规划等实战经验，对企业战略管理有全面深入的了解；擅长针对不同规模、不同行业的企业量体裁衣，提供聚焦企业实际发展问题的战略服务。这段表述同时把老师的工作经验和研究领域都呈现出来了。

第二个案例：荣老师有 12 年以上的一线政府和企业党建实操经验，曾任政府综合办主任，上市公司高管、党办主任、支部书记等职务，同时有 6 年以上的党政授课经验；擅长系统梳理拆解国家的党政政策精神，并与企事业单位的现状有效融合，让政府部门、企事业单位更好地吸收国家政策精神。这样，就把老师的工作实战经验，以及跟定位相关的主题内容快速呈现出来了。

总述的内容也叫开篇内容，来源于我们的工作、咨询、培训，这部分内容关键在于我们要展示什么样的结果，最好用什么样的量化方式展示。需要注意的是，不同的企业类型或不同的专业领域有不同的量化维度。有的是参考成长率，比如一家企业是做销售的，那你用到的维度就是销售额的增长水平，你给这家企业讲过销售课，帮助企业把销售额从 10 亿元做到了 100 亿元，或者企业原来在这个行业排名第五，现在销售额排名第一，等等。有的是参考风险成本控制，比如你的财务成本课程帮助企业降低了多少成本，就是你的总述内容的量化维度。

在描述的过程中，一定用数字化的形式，可以用绝对数字或相对数字来表示。绝对数字，就像"帮助企业把销售额从 10 亿元做到了 100 亿元"。相对数字，比如"我的课程让企业的利润增加了 10 倍"。

如果你发现自己量化维度的数字太小，比如"帮助企业从 1000 万元做到了 2000 万元"，这时就尽量不用绝对数字的表述方式，而是用相对数字,比如帮助企业销售额增长了一倍,或者是翻了一番,给客户呈现的感觉就会更强烈。如果你的量化维度特别大,在这种情况下,你用绝对数字或者相对数字都可以,都能体现出你的能力水平,也能达到客户对你的课程结果的期望。

其次,我们看一些老师在结果部分的案例(见图6–18)。

三个维度:职业、培训、咨询
结果数字:营业额、人数、成本/风险降低、效率、排名
成果描述:绝对增值/相对增长数字结果呈现

例:郝老师帮助××汽车贸易集团突破成长瓶颈,一年市场业绩提高3倍,从2.7亿元到超8亿元,成为业内黑马,创造了行业奇迹。
　　帮助采暖制造企业××全面升级,二次创业,在行业下滑20%、人员减少10%的前提下,年度增量超过42%。

例:钱老师帮助A股上市公司××实施战略转型,一年市场业绩从4.5亿元到20亿元,并实现企业价值的10倍增长(市值从17亿元到127亿元)。
　　创造过家纺面料企业××连续3年经营业绩与利润复合增长率51%以上,两年市场业绩从1.5亿元到4.5亿元,成为品类冠军的行业神话。

图6–18　个人简介中对结果部分的举例

总之,你要把帮助客户做的事写出来。有的老师在这里可能会担心:我写的这件事,好像不全是我干的,这么写会不会太夸大我的作用?钱老师跟我讲过,他帮企业做战略转型,企业利润从4.5亿元提升到20亿元,市值从17亿元提升到127亿元,但这好像也不全是他的功劳,还有企业其他人的共同努力。其实,这件事情能达成主要是因为战略的调整,然后才是配套的组织、人员、资源等各方面的影响,也就是说,钱老师的作用是很大的。所以,我们要找到它的核心要素是什么,如果是你做的这件事情引起的,那就可以把它变成你的成果进行展示。

比如郝老师的例子,企业在行业业绩整体下滑的情况下,年度增量超过42%,真的是靠他做了一个咨询就搞定了吗?也不全是,肯定有方方面面的影响因素。但是企业确实是因为他的介入、他的启发,才把这件事情最终做成的,所以他可以把这个当成自己的成果列出来。

把事情变成我们的成果,背后的逻辑是要和客户讲清楚我们具体是怎么操作的。因为客户最想听的就是我们怎么帮助企业进行转型升级,使企业的市值从17亿元做到127亿元。虽然具体的操作可能不是我们亲自做的,但怎么启动项目、设计项目,是要讲给客户听的。客户就想知道,我们怎么帮助企业扭亏为赢。这就是结果层面的主要内容。

再次,是个人简历中的体系部分(见图6-19)。这部分内容是想说明我不仅能做,我还能讲,我还有总结梳理的能力。

> ××老师总结××年××方向的经验,对于(目标客户)如何实现×××,进行××研究,总结出××方法论,提出了××模型(××理念),在多家企业落地实施,并取得良好的效果。
>
> 例:郝老师管理学科班出身,在帮助企业解决管理问题过程中,发现翻译过来的管理学与参考世界500强总结的管理方法,在中小企业大都不适用,于是基于中国中小企业现实问题,并从中华优秀传统文化中汲取营养,创新"弱管理"思想、"335"管理模式、"S-APC铃铛"模型、"瓶颈循环突破"理论,并在数十家企业深度实践,效果显著。用专著详细论述理念体系、工具模型及案例应用,获得众多企业家及管理机构的高度认同。

图6-19 个人简介中对体系部分的举例

体系的核心是通过课程总结方法论,例如老师总结了多少年的方法和经验,对于什么类型的客户,如何实现什么,进行了什么方面深入的研究,总结了什么样的方法论,提取了什么样的模型,模型在多家企业实战落地，取得了良好的效果等。比如，有一个老师在我们公司当了14年的讲师，有丰富的经济行业的工作经验，他就对老师如何成功转化成为商业讲师进行了深入的研究，总结出商业讲师必备的模型体系、商业讲师成长所需的培养流程，等等。同时，他还培养辅导了近百名商业讲师，取得了良好的效果。这就是这个老师的完整体系内容，让人一目了然。

图6-19中郝老师的体系部分也同样很完善，他把经验变成了体系模型。当然，老师不管是出书，还是设计形成版权课，都是特别好的、有优势的体系发展方向，都是老师的一个优势点，在提升整体市场品牌价值的时候，这些都可以用到。

最后来说使命，使命其实是围绕着老师的品牌打造来进行的（见图6-20）。

参考模板1：××老师致力于中国企业××（课题方向）事业，为帮助中国企业通过××（课题方向）实现持续生长，实现强企梦、强国梦而矢志奋斗！

参考模板2：××老师期望通过××（主讲课题）赋能中国企业，为帮助企业通过××（主讲课题）实现持续生长而奋斗不止！

例：钱老师现全身心致力于中国企业的转型升级事业，为帮助中国企业通过价值创新实现可持续成长，实现强企梦、强国梦而矢志奋斗！

图6-20 个人简介中对使命部分的举例

商业讲师服务客户，虽然是一种明显的商业行为，但也要有比较崇高的理想和目标。因为客户大多对老师抱有崇高期望，所以我们会建议老师把自己对企业、对行业的期望、使命、愿景写下来。比如图6-20中的钱老师，他的使命是全身心致力于中国企业的转型升级事业，为帮助中国企业通过价值创新实现可持续成长，实现强企梦、强国梦而矢志奋斗。老师们也需要整理出类似的内容，让企业看到我们的崇高理想，对我们产生更多的期待和尊重。

上述就是我们在个人简介模块里比较核心的四个环节。这么做个人简介的主要目的，也是最重要的作用，就是围绕定位，讲我们自己的故事，呈现我们的结果、思想体系和愿景初心（见图 6-21）。

★ 我为什么是解决这个问题的专家

★ 围绕定位、讲故事、卖结果

图 6-21　个人简介的作用总结

如何打造撬动市场的营销资料

让客户认同我们，对我们产生信任，我们围绕这一句话，来设计和梳理我们的商业资料。对于商业资料，客户主要看两个方面，一个是颜值，也就是资料好不好看，是否令人赏心悦目；一个是匹配度，也就是资料和自己企业的需求能否配对成功，差异度有多少。

我们对客户也进行过一些调研，主要是他们对老师、对中介机构的看法。根据搜集上来的资料，我们发现客户在看资料时，一般是谨慎的、挑剔的、把问题放大的、将信将疑的，当然，他们还有一个共同的心理，那就是希望能印证老师资料的准确性（见图 6-22）。

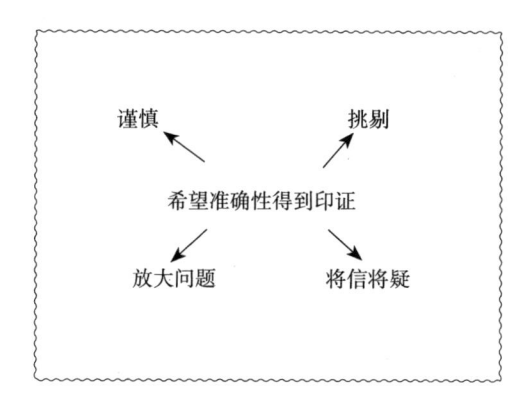

```
┌─────────────────────────────┐
│   谨慎            挑剔       │
│     ↘           ↙          │
│     希望准确性得到印证       │
│     ↙           ↘          │
│   放大问题      将信将疑     │
└─────────────────────────────┘
```

图 6-22　客户看资料时的心理活动

个人简介优化：快速获得客户认可

你在梳理简介时，是否遇到过下面这些问题呢（见图 6-23）？

```
1. 可以讲的课题很多，方向也很多，怎么选自己的授课方向？
2. 经历过的培训训练特别多，背景不太强，如何塑造背书价值？
3. 感觉自己不够资深，没有名企经历，怎么包装好自己？
4. 我的企业履历不出彩，企业是中小企业，写出来拿不出手啊！
5. 原来不是商业讲师，素材资料少。
6. 工作案例经验很多，如何提炼，要不要写上？
7. 如何梳理简介里边的头衔，充分展示自己实力？
8. 之前忽视素材收集，需要收集哪些素材？
……
```

图 6-23　老师在梳理简介时遇到的问题

想调整简介的内容，首先要把背后相应的思路调整过来，要明确我们想在简介中展示的核心内容，也就是我们要在简介中彰显自己的专家身份。因为要让客户对我们产生信任，相信我们可以讲好这门课。如果我们是某个方面的专家，那么客户就会对我们产生信任；如果我们是这个方面的杂家，那么客户对我们的信任程度就会降低很多。

如何才能彰显专家身份呢？在我们的简介里，要解决两个核心问题（见图6–24）。

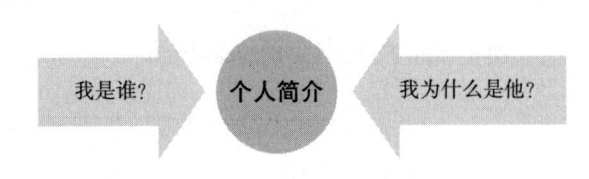

我是解决什么问题的专家？　　我为什么是解决这个问题的专家？

图6–24　好的简介需要解决两个问题

第一个问题，我是解决什么问题的专家？ 这个其实跟前文讲过的定位是有关系的。要先告诉客户，你要找的是一个领导力老师，而我就是一个领导力的专家，通过高匹配度去建立客户对你的认知。

第二个问题，我为什么是解决这个问题的专家？ 要在简介里列出曾经做过的相关案例，让客户知道你在领导力方面做过哪些事情，支撑你成为领导力的专家。

简介的核心就是围绕这两个问题，清晰准确地把信息呈现出来。

在简介的梳理过程中，我们有很多可以使用的工具。其中最重要的是商业讲师优势挖掘表，这份表格又细分成两个表格，分别是商业讲师背景优势挖掘表（见表6–2）和商业讲师核心商业优势挖掘表（见表6–3）。

表6–2分为几个模块，第一个模块是整体的学习经历。第二个是

整体的工作经历，包括咨询经历、培训经历等，这里特别需要梳理的是曾经做过的具体事项，比如在工作中做了哪些核心的事项，给公司带来哪些改变，曾经在公司里边的背景、职位，以及所在公司在行业中所处的地位，等等。

在表6-3中，我们就要考虑自己在企业中能够解决的核心问题是哪些，我们围绕这些问题建立的解决问题的思路和逻辑是哪些，等等。在核心优势成就案例挖掘方面，一共有七个问题，我们按照这七个问题，一步一步地填写，就可以把我们的过往履历做比较完整的梳理了。

之后做第二步，叫整合和分类，我们称为类聚群分、取舍有道。我们梳理出来的所有资料和素材，就相当于是棋盘上的棋子，包括各种各样的学习经历和工作经历，比如，讲过的一门课、给某个客户提供过的服务、参与的某项企业改革等。

我们做的第一个动作是分类，要按照主题方向做分类，比如我原来做过人力资源总监这一项，就可以放到人力资源这个类别中。我的学习经历、工作经历、获得的成果、培训经历和咨询辅导经历中，关于人力资源的都可以归为一类。同时，我可能还做过生产运营总监，那我就在生产运营这个类别里，找一找还有哪些可以相互匹配的内容，比如我做过车间主任、生产厂长等，我还讲过关于班组管理、市场营销的课，等等。

很多老师工作经验都非常丰富，工作内容可能会跨好几个领域和很多模块，那就要把这些不同的领域和模块先区分出来，再进行选择。选择的核心原则是看我们选择的领域能不能完全支撑前面那两个问题，确认自己是否是解决这个问题的专家，以及整理出来的素材的支撑程度如何。

211

表 6-2 商业讲师背景优势挖掘表

姓名		性别		出生年月		常住地	
学习经历	时间			学校		专业	
	时间			学校		专业	
	时间			学校		专业	
工作履历 1	公司名称				时间		
		公司背景					
		公司规模					
		公司行业地位					
		职务					
		工作描述					
	主要业绩数字结果	营业额变化					
		人数变化					
		成长/效率变化					
		体系搭建					
		其他					
工作履历 2	公司名称				时间		
		公司背景					
		公司规模					
		公司行业地位					
		职务					
		工作描述					
	主要业绩数字结果	营业额变化					
		人数变化					
		成长/效率变化					
		体系搭建					
		其他					
咨询/辅导经历	公司名称				时间		
		公司背景					
		公司规模					
		公司行业地位					
		职务					
		工作描述					
	主要业绩数字结果	营业额变化					
		人数变化					
		成长/效率变化					
		体系搭建					
		其他					
培训经历	时间						
	客户名称						
	培训结果						
	主要业绩						

表6-3 商业讲师核心商业优势挖掘表

	一、核心优势成就案例挖掘	
	在过往的工作、咨询、服务企业中，您认为最牛的案例是？	
1	您这段经历有什么数字性的结果吗？	例：在××期间，我用××方法，使该企业营业额从3000万元提升到1亿元
2	您认为做这件事最大的困难是什么？	1. 2.
	还有吗？	1. 2.
3	您认为如果别人面临这个困难会怎么做？	1. 2.
4	您觉得想要达到您刚说的结果，需要必须做对的几步是什么？	1. 2.
5	您觉得这些方法还能用在哪些工作场景中？	1. 2.
6	您觉得如果把您的经历总结成一句话，您会用哪句？	1. 2.
7	您的经典培训/咨询辅导案例，是否有视频（有，提供准备）？	1. 2.
	二、内容深度/高度挖掘	
1	根据刚才的梳理，您认为您对哪个领域/课题最擅长？	1.
2	您认为您在这个领域/课题的内容，都包含哪几个具体的方面？	1. 2.
3	您认为在以上您提出的这几个方面中，您最擅长哪个？	1. 2.
4	您觉得做好这个课题，要做好哪几个方面的准备工作？	1. 2.
5	您知道在您这个领域/课题中做得最好的人是谁？	1. 2.
6	您认为您和他不一样或者更好的地方是什么？	1. 2.
	三、限制性条件	
1	行业限制	
2	层次限制	
3	课题限制	
4	人员人数限制	
	四、商业素材收集	
1	说明您曾经的培训、咨询、分享中有哪些照片素材，并备注此照片中服务的客户和分享的主题	1. 2. 3.
2	说明您曾经的培训、咨询、分享中有哪些视频素材，并备注此视频中服务的客户和分享的主题	1. 2. 3.
3	说明您曾经在培训、咨询、分享中学员、组织主办方等对您的评价反馈，并备注此评价的客户名称和评价人姓名	1. 2. 3.

整理完素材之后，我们就可以对它们进行系统化梳理，梳理的核心原则是五位一体（见图6-25）。

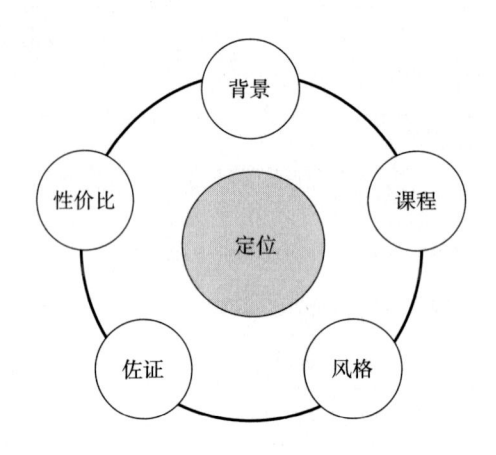

图6-25 个人简介梳理原则：五位一体

围绕想定位的方向，我们需要通过整理好的背景素材、课程素材、风格素材、佐证素材，以及期望的收入预期（性价比）等五个维度来做整体的梳理。这里需要注意的是，要把它们看成完全统一的整体，要相互有联系，不能说做过人力，也做过生产，最终定位成人力，结果在工作经历里写的是车间主任。如果你是一个车间主任，现在讲人力资源的课，客户肯定会觉得你这个老师不靠谱。再次强调，让客户认可，是我们在整合或者在梳理简介过程中一定要特别注意的方面。

个人简介一共分为九大模块，包括课程定位、头衔、简介、授课风格、主讲课题、客户案例、学员评价、精彩瞬间，以及授课视频，这九个模块其实就是上文提到的五大素材的完整呈现（见图6-26）。

定位	头衔	简介
授课风格	主讲课题	客户案例
学员评价	精彩瞬间	授课视频

图 6-26　个人简介的九大模块

课程大纲优化：快速获取市场机会点

　　课程大纲的核心，就是怎么写出好标题，能让客户更感兴趣，更容易被客户采购。对于课程大纲的作用，很多老师都有不同的观点。

　　有的老师认为，大纲就相当于一个产品说明，告诉客户这是什么产品，这个产品的性能是什么样的。有的老师认为，大纲主要是为了让客户判断课程能不能满足他的需求，是对他的需求的一个响应。有的老师认为，大纲可以告诉客户他能帮助客户解决什么问题，还有课程具体讲什么内容。还有的老师认为，大纲有三个作用：第一个是告诉客户自己对这个问题的认知，知道客户的真实需求是什么；第二个是针对这个问题和需求的解决方案是什么；第三个说明这个方案能给客户带来什么样的价值。

　　老师们虽然表达不同，但是其中都包含一个核心点，就是客户需求（见图6-27）。那么，客户有需求的时候会找什么？会找课题、找方案、找背景等，希望老师能够解决他的需求。

> A：××公司刚传递过来两个需求，请跟同事讨论下看下能否支持，谢谢！
> 1. ××公司干部培训规划需求基于客户的需求文件，指标要求（对象、时长、课时等要求）、主要目标、主要培训内容等要求，设计输出培养规划，包括培训思路（对应人群、培训模块设计等）、课程主题、学时（时长）、师资等（因客户无可编辑版文件，是图片，只能发给各位参考，请见谅）
> 2. 新员工混合式培训及运营实施需求：××公司需要对新员工进行混合式培训，主要包含党课培训、测评、学习活动等，需要有新员工混合式培训设计经验的老师参与策划及实施。如有，明天上午咱们组织销售及方案策划人员一起讨论，老师专家可以一起参与，谢谢

图 6-27 课程大纲要注重客户的需求

举个例子，如果老师讲的是解密区块链技术的课，课程大纲里虽然是讲区块链的内容，但是标题上没有区块链这三个字，就很难被销售员找到。所以课程大纲要跟市场的需求点快速做结合。比如客户需要一个领导力的课，要找一个领导力的老师，有一个领导力的培训需求，那老师就要有研究领导力的课程大纲，销售员就可以拿这个素材资料给培训机构，培训机构把这个资料再给客户。客户拿到素材资料后，经过判断和分析，就有可能和老师进行交流，最后达成合作。所以，课程大纲可以帮助老师快速获取市场需求机会点。

我们把企业培训的产生分为两种方式，第一种叫倒推法，第二种叫正推法。先看倒推法（见图 6-28）。

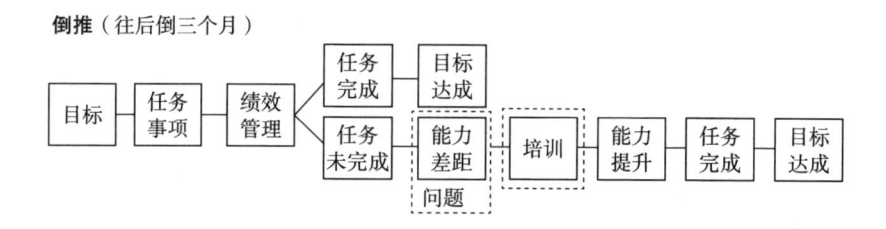

图 6-28 企业培训的产生（倒推）

举个例子，我们公司年初定了目标，同时分解到各个部门，大家开始干活，七月份时，公司做了绩效盘点和绩效考核。一部门的活干得挺好，目标都完成了，皆大欢喜；二部门的任务没完成，就要分析没完成的原因，是资源的问题，还是能力的问题，等等。如果发现员工的能力不行，就要给他们做培训，把他们的能力提升上来，帮助他们把任务完成，把目标达成。很多客户的问题其实是，目标没有按预期达成，因为能力不足，所以他们需要进行能力提升。这个被称为倒推法。

当然，有规划性的企业会用正推法（见图 6-29）。企业会往前看，对一年之后的发展情况进行预测，有经营目标、任务目标，也有胜任力要求，据此来看员工现在的能力行不行。比如，企业计划五年之后上市，觉得现在的员工能力差得比较多，需要提高能力，这时企业就有培训的需求了。所以，正推法是根据未来解决现在的事情。

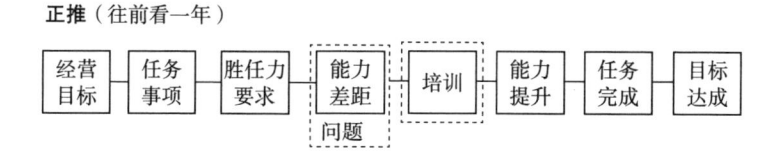

图 6-29 企业培训的产生（正推）

这里出现的能力差距就是企业对应的问题，我称之为"企业里的病"，而课程大纲可以说是对"我有病，你有没有药"的回应。老师了解到这些病产生的原因之后，就可以开始正式撰写自己的课程大纲了。

撰写课程大纲要思考下面这三个问题（见图6-30）。分别是：谁得了病？得了什么病？治疗结果是什么？这三个问题想清楚了，老师在开发大纲的时候就会容易很多。

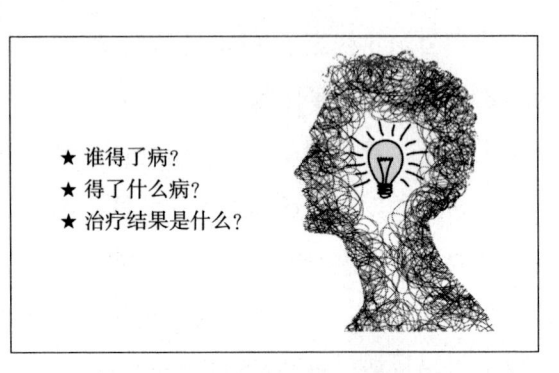

图6-30 思考的三个问题

其中，谁得了病，是弄清对象，对应的是到底解决哪些学员的问题。接着，得了什么病，是看清问题。不同的学员在同一疾病上的病症是不一样的，比如现在的企业经营状况不好，这是企业的病，但在高层、中层和基层，出现的问题绝对是不一样的。最后，治疗结果是什么，是找准目标（见图6-31）。这是企业最想得到的东西。

谁得了病	对象
得了什么病	问题
治疗结果是什么	目标

图6-31 对三个问题的深入分析

课程大纲往往分为七大模块（见图 6-32），包含课程标题、课程背景、课程对象、课程时间、课程收益、课程特色、具体教学课程大纲。

课程标题	课程背景	课程对象
课程时间	课程收益	课程特色
	具体教学课程大纲	

图 6-32　课程大纲的七个模块

这些模块跟前文提到的"病"和"药"是对应的（见图 6-33），课程对象、课程标题和课程背景对应的是给谁看病，看什么病，以及他存在这些病的现象是什么。药的层面就是课程收益，也就是治好后的状态是什么样的。课程特色是我这个医生的医术如何。课程时间就是治疗周期。具体教学课程大纲就是具体的药方内容。这是整个课程大纲的结构，和我们需要呈现出来的素材。

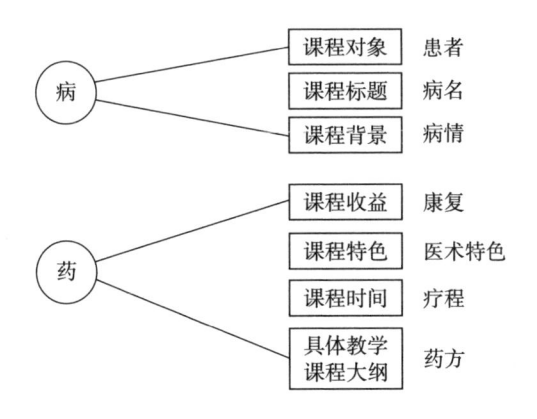

```
         ┌─ 课程对象  患者
    病 ──┼─ 课程标题  病名
         └─ 课程背景  病情

         ┌─ 课程收益  康复
         ├─ 课程特色  医术特色
    药 ──┼─ 课程时间  疗程
         └─ 具体教学   药方
             课程大纲
```

图 6-33　如何"对症下药"

这里有个问题，是谁认为的病和谁想要的药。绝大部分员工都不认为自己的执行力不行，但是老板会认为员工的执行力不行。所以老师在整合课程资料时，要想清楚自己的课程大纲要满足谁的诉求和需求。

我们再来看一看整个产业链的干系人。一个培训想成交，差不多有八个角色人参与，请看图6-34。

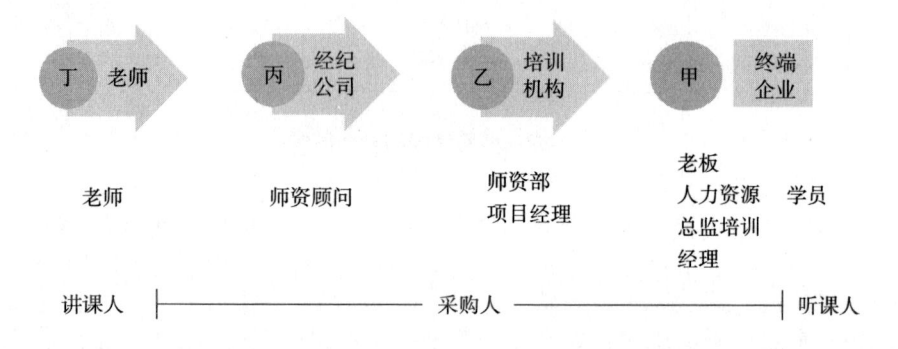

丁 老师 → 丙 经纪公司 → 乙 培训机构 → 甲 终端企业

老师　　师资顾问　　师资部　　　老板　　　　学员
　　　　　　　　　项目经理　　人力资源
　　　　　　　　　　　　　　　总监培训
　　　　　　　　　　　　　　　经理

讲课人 |————————— 采购人 —————————| 听课人

图6-34　培训链条干系人分析

前边比较简单，只有老师。后边跟老师打交道更多的是师资顾问，他们主要是和老师聊需求。再往后，培训机构一般会有两个角色，规模大一点的有专门的师资部，也就是前端的销售，主要是获取需求的。获取需求之后将其给方案部，这个部门就会对外负责整合老师资源，拜托讲师经纪公司帮忙找合适的老师。还有一些是项目经理直接对接的，他们会直接找师资顾问，说自己现在有个需求，请师资顾问给他找个老师，这样来说就相对简单一点。

终端客户有老板，有人力资源总监，有培训经理或者培训专员，还有学员。

其中谁是听课的人，谁是讲课的人，谁是采购课的人，需要单独进行分析。学员是听课的,老师是讲课的,但这两类人都不负责买课,而中间这些人是负责买课的,他们不上课也不听课,但是可以决定给听课的学员安排哪个老师讲课。

我们认为的学员的问题,如果跟采购人认为的问题一样,往往就可以顺利成交了。但如果我们认为的学员的问题,跟采购人认为的问题不一样,就很难达成合作。学员不直接负责采购,就负责上课,但是学员最后要负责反馈培训情况,这时候就可能会出现差异。

老师常会遇到的一个情况是,客户的采购人确定了一门课,但是学员不想上这门课,这是对老师的知识内容、临场控制、教学手段等能力的考验。老师可以课前早来一会儿,跟学员聊一聊,或者课前专门设计一个问题收集环节,看看收集的这些问题跟自己通过培训机构、经纪公司获取的需求是否相同,如果不一样,就要及时去做沟通调整。

比如,课间找负责人沟通:"学员对这些问题特别关注,但是开始时没设计这部分内容,要不要加、要不要补?我是按照你之前要求的课程内容讲,还是满足现在学员的需求?"这需要跟客户的负责人和培训机构的负责人都进行沟通。如果老师擅自改内容,学员开心了,但是负责人可能会不满意。

有时候采购人会要求老师必须讲某些内容,他认为"我自己说的不管用,我就找个专家来讲,你看专家都这么说了,你们以后再不这么干肯定就不行了"。培训老师有时候就是这样一个角色。如果出现这种情况,就要看老师的教学艺术了,把学员不喜欢听的话,用学员喜欢听的方式讲出来。老师在课间休息时需要临时调整,大部分时候以满足学员要求为主。

对培训的评估难以有理性的评价标准,往往都是靠人员进行感性评价。比如客户提出的培训要求是跨部门沟通，但是经过分析，我们发现他出现的问题其实是目标拆解，那就要建议客户上目标沟通的课。所以，我们前期不要跟客户较劲，要和他进行充分沟通，从专业的角度和他交流，慢慢改变他的认知。

开始的时候我们不能跟客户较劲，因为开始的时候不知道客户有哪些期望要求，得接触后再慢慢进行改变。客户专业吗？不一定。真正专业的是学员和老师，中间的人大部分情况下对于大部分课题，都不是特别专业的（见图6-35）。但是这些人负责采购，在这个阶段我们还没有入围，我们作为老师也不是客户唯一的选择，一般一个客户可能会同时找七八家培训机构，同时投标，所以在这个时候，我们不要跟客户较劲，应尽量满足他的要求。

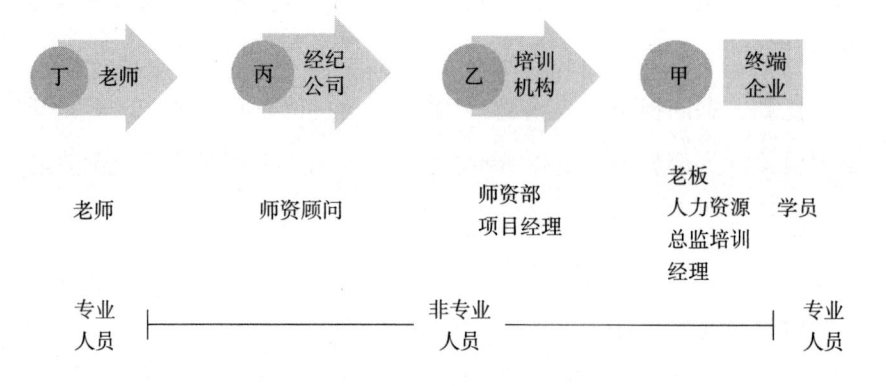

图 6-35　企业负责人是否专业

当销售员把老师的资料发给培训机构，培训机构报给客户，客户看了觉得不错，但还有些具体问题想跟老师沟通，这时老师就可以发表自己的看法了。一般我们会做一个三方沟通，包括培训机构、老师、企业负责采购的人，把这些人拉个群开视频会议，或者开电话会议。这时老师就可以做专业引导了,"我听说您有一个跨部门沟通的需求,请您讲一讲企业的具体问题"。等客户讲完后,老师可以提出客户不仅有跨部门沟通问题,还有其他问题,所以建议他加一门目标计划管理课程,这样就可以把问题全都解决,看他想怎么选择。

这时你就可以跟客户较劲了,因为你入围了,就有了引导和说服客户的机会,可以用专业知识去说服他。举个例子,我们有个老师就遇到过这种情况。有一次一个客户让他讲一天数字化课程,帮助企业完成数字化转型,这个老师一下子就蒙了,他说自己做了这么多年的数字化课程,第一次听说想一天就学会数字化转型的,这不是天方夜谭吗?当然客户说了这个需求,他也不好推托,就让销售员把意见报上去了,最后客户也觉得这件事不太现实,就想跟老师沟通一下。

老师接了电话:"你的企业现在想做数字化转型,那我先问问你,你的企业现在数字化的程度如何?你是有基础的数据、自己的信息平台,还是有大数据系统?"企业没有这些内容。他接着说,"如果企业想要数字化转型成功,按六年级毕业来算的话,以你现在的状况,只能是在一年级。你要是只想听一天数字化转型课程,那我只能概括地跟你讲一下,企业从一年级怎么到二年级,二年级怎么到三年级,一直到六年级。但是我没办法讲太细。如果你真的想深入学一学,企业以后真的想做数字化转型,我建议最好安排两天到三天的课程"。最后,这个客户同意了老师的意见,把之前一天的课程改成了三天的课程。

所以,老师接到中介机构给的客户需求后,即使觉得需求不靠谱、客户不靠谱,也不要马上拒绝,而要像这个老师一样,先争取到和客户沟通的机会,之后再引导客户做出最有利于企业的选择。当然,客户可能会坚持己见,不愿意改变课程安排,那也没有关系,因为沟通后，客户会调整预期，哪怕课程最后的效果不太好，客户也不会对老师做出太过负面的评价。

课程时间一般和企业的培训规划也有关系，比如客户可能要把所有人都组织起来很不容易，好几百人聚在一起，延长一天课程的话，那么成本可不是增加一点半点。如果只能按照客户的安排来做，就和客户说好可能不能讲得那么细。其实客户的反馈和满意度，核心是预期对称，就是客户想要的和你想讲的能不能对到一起，能对到一起就可以了。

举个例子，我们公司安排过清华大学的一个教授讲区块链，这个老师讲得不太好，教学风格也不突出，客户能返聘他的课，主要是因为他的背景能吸引这些客户，这叫预期对称。我们会指名道姓地跟客户说："我们有两个区块链的老师，一个老师可能背景一般，但是讲课特别好；另一个老师，背景很厉害，是清华大学区块链研究室的老师，但教学能力不太好，你想选择哪个老师？"这样把选择权完全交给客户，大家预期是对称的就可以了。

当然，我们做课前电话沟通的过程中，也可以做预期管理，包括内容、教学方式等。比如，你讲课过程中必须分组做练习，但是客户这次是租了一个礼堂做培训，满足不了你的要求，你就要和客户提前说清楚，这样可能会影响学员互动的效果，给客户做预期调整。

老师和客户沟通的渠道基本上是两个：第一个是通过销售员进行传递；第二个是在跟客户的前期接触沟通中，了解他的问题期望，之后把自己的专业知识、教学手段等跟他做匹配，如果出现小问题，就要做好预期对称。

综上，在整个链条中，有听课的、有讲课的、有采购的；有专业的，有不专业的。核心问题是：是否有融合客户场景的问题、是否有融合客户场景的期待（见图6-36）。也就是说，你的课程大纲内容要与客户相匹配。客户组织一个培训，一定会有一个基本的培训预期。虽然这个想法不是非常清晰和具体，但是客户在思考和决策的时候肯定有一个方向性的设想，希望老师能满足这个预期，或者把客户欠缺的那部分内容补上，最终通过培训改变员工的行为。

> ★ 是否有融合客户场景的问题？
>
> ★ 是否有融合客户场景的期待？

图6-36 采购者想要的大纲形式

这些就是在课程大纲里需要展示和体现出来的内容。对于老师来说，制作课程大纲其实需要两个转化（见图6-37）。

> ★ 专家视角 VS 采购者视角
>
> ★ 知识分享者 VS 企业问题解决者

图6-37 制作课程大纲需转变思路

第一，从专家视角转化成采购者视角。把课程大纲资料写出来之后，想一想如果你是客户，你会在什么情况下选择这门课题，给哪些人做培训。第二，要从知识分享者变成企业问题解决者，解决企业里的学员存在的问题。如果老师能把上述两个转化的问题解决了，让客户看到老师给的资料和企业存在的问题正好匹配，那么客户自然会愿意选择老师来讲课。这就是制作课程大纲背后的逻辑。

课程大纲的作用就是一个广告，是吸引客户和促进客户采购的宣传资料。我们要带着这样的目的去整合课程大纲。一定要牢记：我要解决什么人的什么问题，以此满足什么人的期待。

商业视频优化：让客户相信"我能讲好"

商业视频其实是一个很好的展示老师形象的平台，不要觉得录视频没什么用，可能就是因为视频，老师多了关注者，这些人中可能就有这方面的课程需求。

客户看了你的课程大纲和个人简介，和他的问题是匹配的，觉得你能讲这门课，但是心里会想：你能讲好吗？你跟我的员工风格匹配吗？这些其实都是他担心的事情。

你知道客户的诉求了，就要想怎么在视频里呈现出来，让客户放心把课交给你。这就是视频的作用。视频怎么设计呢，客户在视频里会重点关注什么内容呢（见图6–38）？

外表 | •长相、着装、举止……

语言 | •普通话、音色、音调、气场、亲和度……

状态 | •幽默度、活跃度、稳重度、互动度……

内容 | •知识点、工具、逻辑、内容深度……

图6–38　客户想在视频中看到哪些内容

我们把视频内容分为四个维度，最基础的就是形象外表，看着装、看长相、看举止。商业讲师也要展示职业形象和职业状态，这体现在着装和举止上。这是第一个维度。

第二个维度更多是体现在语言上，比如讲话有没有口音，语音语调是什么样的，气场是什么样的，亲和度是怎么样的，等等。客户都会进行考察。另外，客户还会看老师跟学员搭不搭。如果是给高层讲课，他希望老师的语言、语气、状态什么样；如果是给员工讲课，他希望老师的语言、语气、状态什么样；等等。

第三个维度是状态。老师整个状态是偏活跃的，还是偏沉闷的；是偏严谨的，还是偏幽默的；等等。

最后一个维度是内容。在老师的视频中能不能听到知识点、工具，或者听到内容逻辑、内容深度，等等。

总之，在视频里70%的内容，需要展示老师的风格（见图6-39）。我们给客户的视频在15分钟左右，客户一般能看5~10分钟。在那短短10分钟的时间里，他会看四个方面的内容，但核心来说以整体的形象着装、语言风格、状态为主。这些内容展示的是老师的课程大纲逻辑，客户希望从中看到老师的能力、解决问题的深度和逻辑结构。但这不是最主要的，最主要的是秀出老师的风格。每一个视频就是一场秀，老师要在客户面前把自己最好的状态秀出来，让客户相信老师可以讲好这堂课，客户才有可能快速选择老师。

| 秀风格 | 秀 | 秀能力 |

图 6-39 商业视频的作用

老师的视频素材基本上会有四个场景（见图6-40）。第一个，是在专业场地录制的；第二个，是在课堂现场录制的；第三个，是在一些办公环境录制的；第四个，是在生活场景录制的。

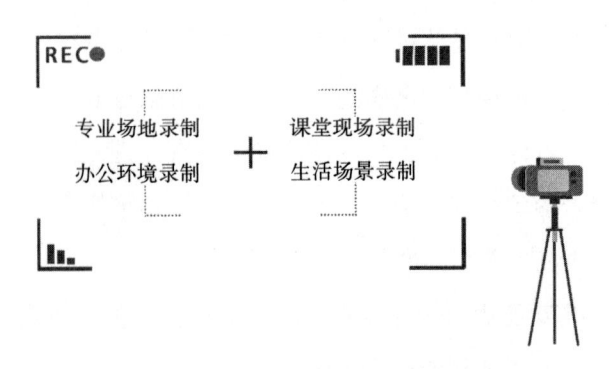

图 6-40　商业视频的录制地点选择

在录音棚等地方专门录制视频，这种方式有它的好处，当然也有它的问题。场景不是线下面授的真实场景，老师可能化妆了，还有摄像、灯光，以及近景、远景等；另外，讲课的内容都是前期设计过的，所以老师讲的时候就会很通顺，这是专业录制的优势。老师有机会的话，最好去专门录制一堂这样的视频课，对自己的形象呈现有好处。

现场视频，是从完整的课堂视频上截取的一段内容。虽然是现场视频，但从主题的切入、老师的风格状态上来说，都会让人有一个很直观的感受，促使人不断往下听。客户最常见到的其实就是这种现场录制的视频。

这种视频更多是用来感受老师讲课的氛围，其实内容不太多。视频中会出现老师和大家的互动、沟通和交流，包括笑声等，呈现出来的是老师整体的语言、气场、风格、状态等。

对于商业视频，要从学员的角度或者从采购者的角度来思考，他们对这门课的感觉和感受是什么样的，老师据此做一些优化、改善和提升。如果老师缺视频素材，那么在讲课现场录一个就可以了。实在没有的话还有一种方法：老师可以在自己的办公室里放一套直播装备，从灯、镜头到收音装备全都有，可以自己给自己录视频。这对老师来说有一个最大的挑战，就是没有学员，可能难以很好地展示老师的风格状态。因为他对着手机屏幕讲，没有人跟他互动，还是很有挑战性的。

制作商业视频的要点，第一个是画面上要做好设计，第二个是重点突出老师的风格。所以老师要把状态调整好，商业视频如果想要达到成交价值，就得找到好状态。当然最好的情况是在现场录制视频，把老师的风格、内容都呈现出来。老师能够呈现最好的状态，同时客户也能看到现场的学员状况。

我们都知道，客户喜欢的风格往往是幽默型的、激情型的和专业型的，我们讲课就要尽量往这方面去靠近。我们录了一个一天的视频，或者半天的视频，不能把视频直接完整地给客户，因为开头大概率不是最精彩的部分，也不是我们最好的状态，最好是截一段能秀出自己风格的视频段落。

这里有一个关于内容选取的逻辑技巧，就是从整体的讲课视频里找一个小切口，导入一个小问题（见图6-41）。比如，老师的课程视频是"在爆品营销过程中人群的选择"，那选择的小切口就可以是对年轻人或老年人的选择。切口选定之后，就针对这个切口进行场景化的讨论，或是一个陈述、一个展示。之后，老师开始正式讲知识点。客户

一个具体 业务问题	一个实际案例/ 故事/情景
聚焦	讨论
提供	讲透
一个解决方法/ 方案	一个知识点

图6-41　商业视频内容结构的选择和设计

跟着这个问题，愿意多听一会儿，这样老师的整体内容价值，包括内容有没有深度、有没有高度、有没有逻辑性，就都呈现出来了。这样老师就既秀了风格，又秀了能力。

这就是商业视频的价值和作用，通过视频让客户体验到：你交给我，我可以交付好，我不仅能讲，我还能讲好。这样容易提升成交率。而整体的需求转化率，其实也相对提高了，每一次交付客户都很满意，也很开心，就会形成复购。

如何让销售员更好地了解自己，将自己快速推向市场

销售伙伴了解你，才会推销你

销售员在看过老师的宣传资料后，就会对老师产生一个预期，具体到每节课的预期值，可能会偏高一点，可能会偏低一点，之后销售员把这个预期反馈给老师，老师再针对具体的课程进行调整。

在这个阶段，有的老师会出现一个问题，销售员看过资料后，不愿意推他。核心关键点可能是，老师的对外宣传资料写得不合格，销售员不能完全掌握老师的优势和授课特点，自然不敢随便向培训机构推老师。

此外，客户有时候喜欢问销售员一些不在销售资料上的关于老师的问题，比如，这个老师和其他老师相比存在的优势点等等。如果销售员事先没有了解过老师，自然回答不上来这些客户想了解的内容。

所以，想要让销售员能够快速了解老师，老师需要提前准备好相关素材。老师不可能什么都会，总会有一些不擅长的内容，因此并不是所有课程都能胜任。老师在资料里就要把自己能够胜任的授课范围说清楚，告诉销售员在这个领域可以放心大胆地往前冲，可以拍着胸

脯告诉客户："我推荐的这个老师肯定没问题！"相对地，那些属于老师边界之外的授课内容，也都要在资料里写清楚。这就是告诉销售员：出了这个圈子的内容我讲不好，千万不要推我，如果推了可能就会有很大的风险。这其实也算是做了预期调控。

销售手册：快速让销售伙伴"懂"你

销售手册有两个核心作用：第一个，让销售员能够快速了解老师的基本情况；第二个，老师和销售员一起，调控好市场对老师的预期，减少出现事故的可能。

销售手册，整体可分为六大模块（见图6-42）。

1. 定位	如何让销售一眼就知道你是讲什么的
2. 背景优势	如何让销售觉得你就应该讲这个内容
3. 突出优势	如何让销售快速知道你和其他老师的差异
4. 授课风格	如何让销售快速把握你的风格特点
5. 讲授课程	如何让销售快速了解你的授课范围
6. 边界特殊要求	如何让销售在商务沟通中不踩坑

图6-42 销售手册的六大内容

第一个模块是定位（见图6-43）。老师一定要在最开始就告诉销售员自己的定位是什么，也就是给自己贴个标签："你如果要找讲某个方面课程的老师，找我就可以了。"

> 一句话说清楚自己的主讲领域
>
> 例：华为实战派战略管理专家

图6-43 第一个模块：定位

这里核心的内容就是老师对自己的准确定位，明确"我是解决什么问题的专家"。这样销售员就可以对老师们进行分类，如果客户需要口才演讲类、演讲呈现类的课程，销售员就把××老师推荐给客户；如果客户想要党政类的课程，销售员就找出××老师，把他介绍给客户。把老师的授课范围圈定好了，销售员想在对应课程中找到老师就会方便很多。哪怕是某个领域出现的新课题，销售员也不会糊涂，而是找一个和这个新课题相关的老师就可以了。

第二个模块是背景优势（见图6-44）。注意，这里的背景优势跟个人简历上写的背景优势的内容不太一样。这里需要老师写得更细一些，包括老师过往的学习经历、工作经历，以及担任的社会职务等信息，个人简介也要放到背景介绍里。此外，还需要介绍一下老师讲过的经典项目，帮助客户取得了哪些成果，等等。

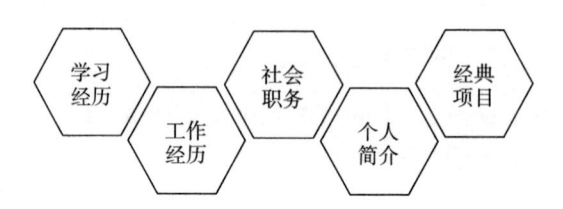

图 6-44　第二个模块：背景优势

举个例子（见图6-45），我们有个老师是从华为出来的，客户就会问："老师是什么时候从华为出来的？是十年前？还是三年前？"为什么客户会关心这个问题呢？因为这关系到老师所讲的课程是否适应现在的市场情况。如果老师很早就从华为出来了，现在再讲和华为相关的内容就会让人觉得过时了。因为华为经历了这么多年的发展，很多思路和管理体系都有了很大的变化。如果老师是近几年从华为出来的，那么客户就会觉得老师的课程内容比较合适。除了这个问题，

第六章 | 销售力——撬动培训市场，成为受欢迎的商业讲师

学习经历：
- 武汉大学无线电波传播与天线专业学士
- 武汉大学空间物理专业硕士
- 浙江大学通信与电子系统专业博士

华为工作履历：

开始时间	结束时间	所在公司	担任职务
2016年7月	2017年5月	华为	技术规划部高级技术专家
2015年12月	2016年6月	华为	GTS战略规划部专业部门主管
2014年6月	2015年11月	华为	华为公司变革项目组数字化转型项目总监
2012年2月	2014年5月	华为印尼公司	COO
2009年7月	2012年1月	华为	华为MTN系统部副部长
2008年2月	2009年6月	华为	战略规划部技术专家

重要社会职务：
- 港中旅（深圳）投资发展有限公司（股票代码00308）独立董事
- 中国发展战略研究会（国家一级学会）会员

个人简介
- 华为10年战略管理变革的亲历者，亲身参与了华为从IBM引进BLM方法论，从僵化到优化再到固化的全过程，对战略管理变革过程中的各种问题有着深刻的认识和清晰的应对方案。
- 2008年，华为启动战略管理变革时，刘博士作为全华为公司级4位引导员之一深度参与项目，是华为805战略规划核心主创，表公司级金奖；指导华为公司多条产品线按战略变现实超预期规模目标。
- 2012年作为华为首任PD兼任华为印尼服务子公司COO，交付了迄今为止华为全球最大的项目。
- 刘博士深度参与的印尼BLM试点项目大获成功，为华为的全面推广和应用做了有力验证。

经典咨询案例：

序号	咨询甲方公司	咨询内容	咨询周期
1	北京邦维	华为	2020年至今（有协议不能宣传）
2			2019年至今
3	长亮科技	华为印尼公司	2019年至今
4			2021年1月—4月
5	银河航天	华为	战略规划专家

图6-45 对详细背景的举例

233

客户还会问："老师在华为担任的是什么职务？具体做了哪些工作？"通过这些内容，客户就能比较详细地了解到老师的情况。

第三个模块是突出优势（见图6-46）。这部分内容在整理课程简介时会有所涉及，不管是教学的优势，还是风格的优势、专业的优势、特色背景的优势等等，老师都可以写上去。

> 老师认为自己最突出的3个优势
>
> 背景、特色案例、风格、内容、落地性、配合度、性价比……

图6-46 第三个模块：突出优势

其中最重要的是体现出差异化，比如，刘老师是讲战略的，黄老师也是讲战略的，这两个老师的不同之处就是他们的优势所在。像从华为出来的老师，优势就是可以讲很多有关华为战略的内容，这是别的讲战略的老师所不具备的。有的老师专门为中小企业讲战略，这样也能和其他讲战略的老师区别开。所以，老师要把自己和其他老师的差异化内容展示出来，这样才更容易吸引客户的目光（见图6-47）。

> 举例：最突出的3个优势
>
> - 华为10年战略管理变革的亲历者，对战略管理变革过程中的各种问题有着深刻的认识和清晰的应对方案。
> - 理论与实践兼具的资深专家，独特的个人经历使刘博士拥有丰富的技术、研发、市场、战略规划实战经验，对企业管理有全面认识。
> - 经验丰富，能针对企业现状，提供切合企业实际的落地方案。擅长为不同规模、不同行业的企业"量体裁衣"，提供聚焦企业实际发展问题的战略服务，帮助360、长亮科技等上市公司规划、建设、实施及运营战略管理体系。

图6-47 对突出优势的举例

第四个模块是授课风格（见图6-48）。这部分内容可以让销售员快速把握老师的风格特点，是偏向激情、偏向幽默，还是偏向稳重；是偏向工具化的内容，还是偏向使用沙盘模型；等等。老师需要按照这种方法，把自己的教学风格和教学手段准确地描述出来。

> **授课风格**
>
> - 专家型讲师：深入浅出，条理清楚，论证严密，结构严谨。
> - 落地型讲师：善于从咨询式培训的角度着手，一针见血指出问题的本质。
> - 激情型讲师：上课充满激情，善于和学员互动交流，并通过互动带给学员启发性观点。
> - 亲历者讲师：作为华为战略转型公司级 4 位引导员之一，亲身参与了华为从 IBM 引进 BLM 方法论，从僵化到优化再到固化的全过程。

图 6-48　第四个模块：授课风格

第五个模块是讲授课程（见图 6-49）。这个模块让客户可以快速了解老师的授课范围。讲授课程可以分为两个模块：第一个是课程体系，就是把老师在擅长领域能讲的所有课程，用图表或思维导图的形式进行呈现。第二个是品牌课程，比如老师能讲 10 门课，但是品牌课只有 3 门，那么就要把这 3 门课程重点列出来，讲清楚这 3 门课程能够解决客户哪些问题、课程存在哪些亮点等。

课程体系	品牌课程
1. 老师在擅长讲授领域可以讲授的所有课题 2. 思维导图，或列表形式	擅长且最想推广的 3 门课程 课题 1：×× 本课解决企业 1~3 个问题点 本课的 3 个亮点

图 6-49　第五个模块：讲授课程

下面举了 3 个典型案例，大家可以以这几个案例为模板，来调整和完善自己在讲授课程方面的内容。

比如，有一个老师的课程体系分了两部分内容（见表 6-4），第一

表6-4 对讲授课程的举例1

课程分类	一级目录	典型课纲	课程大纲
华为特色课	华为经营管理与战略领导力课程	华为持续高速发展的经营管理之道	华为持续高速发展的管理的道与术
		向华为学习：企业文化与经营管理	
		任正非管理思想与华为经营管理之道	
		华为领导力	
	华为企业文化建设与管理系列课	华为企业文化以及建设经验借鉴	向华为学习持续增长之道
		以奋斗者为本的企业文化与管理	向华为学习持续高增长的企业文化内涵
		企业责任文化体系建设与管理	打造持续高增长的企业文化内涵
	华为BLM战略规划与战略执行	BLM战略规划与战略执行方法论	BLM战略规划与战略解码（训练营）
	华为战略人力资源组织绩效管理	华为战略人力资源组织绩效管理	华为干部管理
		华为绩效管理四步曲（2天）	华为战略与干部管理（1天）
		以奋斗者为本的人才发展与管理（1天）	
		华人管理者的人力资源管理	
		华为人才发展与培训管理借鉴	
	华为营销体系建设与管理系列课	华为大客户营销与管理方法论（2天）	华为大客户营销与管理方法论（1天）
		以客户为中心的营销体系建设与管理	以客户为中心的营销体系建设与管理（公开课）	以客户为中心的营销体系建设与管理（训练营）
	华为铁三角与LTC营销管理课程	华为铁三角组织运作与LTC营销运作	
		华为铁三角矩阵式组织运作	
		LTC营销流程建设与管理	
	以客户为中心的经营与管理	以客户为中心的经营与管理（2天）	以客户为中心的经营与管理（1天）
	狼性团队建设与管理	向华为学习狼性团队建设与管理	
	执行力课程	以客户为中心的华为执行力	
管理能力提升	管理者角色认知与管理领导力	管理者角色认知与管理领导四步曲（2天）	管理者角色认知与管理转身
		高绩效团队建设四步曲（1天）	管理者角色认知与管理领导力（1天）
	团队建设与团队管理	高绩效团队组织建设与管理（中高层）	
		高绩效团队组织建设综合管理（2天）	
	目标管理与执行管理	高绩效营销团队建设与管理（2天）	高绩效营销团队建设与管理（1天）
		基于战略的经营计划与执行管理	
		管理者的目标识别计划与执行管理	
	管理能力综合课	高绩效团队文化组织氛围管理	
		多维度的文化认知与跨围管理	

部分是他擅长的所有课程，包括具有华为特色的管理、文化、战略、人力资源、营销等。第二个部分是他可以讲的有关管理能力方面的课程，包括角色管理、团队建设、目标计划、管理能力等。

还有一个老师的课程体系如表 6-5 所示，他把自己的课程列了一个总的名字，叫管理技能系列，其中有 8 个主题课程，后面列了每门课程针对哪个层次的人，需要培训多长时间。这样详细的课程体系，能让客户知道老师能讲哪些课程，每门课程具体讲的内容是什么。

表 6-5　对讲授课程的举例 2

团队管理实战培训（2023 年课程列表）

类别	序号	课程名称	培训对象	天数
管理技能系列	A-1	MTP 中层管理技能提升	中高层主管/经理	1 天
	A-2	管理者角色认知与责任担当	中高层主管/经理	2 天
	A-3	中基层管理者的自我管理之道	中层主管/经理	2 天
	A-4	管理心法：管理者的能力提升与团队赋能	中高层主管/经理	2 天
	A-5	从专业到管理的四项修炼	中高层主管/经理	1 天
	A-6	如何做一名合格的好主管	中层主管/经理	1 天
	A-7	"95 后""00 后"员工管理	中层主管/经理	1 天
	A-8	《道德经》智慧与管理素养提升	中层主管/经理	1 天

如果想做品牌课程的话，你可以重点看下面这个案例（见图 6-50）。这个老师是讲岗位经验萃取的，属于 TTT 的范畴。他的这门课重点解决企业的 3 个问题：第一个是企业人才流失高的问题；第二个是内训师不会萃取的问题；第三个是员工学不会萃取成果的问题。接着看亮点内容也分成了 3 个部分。第一个是工具完整，拿来即用。第二个是输出结果，既能学，也能用。第三个是千锤百炼，经过验

证。这些就是这个老师的品牌课程的特色所在，也是跟行业内其他老师不同的地方。

> **课题2：《隐性经验显性化：组织经验萃取五化模型》**
> **本门课解决企业1~3个问题点：**
> **问题1 企业人才流失高**：组织内人才培养靠"老带新"，效率低；经验随人走，不可控性高，批量复制难。
> **问题2 内训师不会萃取**：内训师缺少系统的方法论、有效的工具和引导话术，导致萃取过程推进艰辛，虽然"会"开发课程，但用于课程中的萃取内容不尽如人意。
> **问题3 员工学不会萃取**：萃取成果停留在专家个人行为阶段，未完成通用标准行为转化，无法直接指导其余员工实践。
> **本门课的3个亮点：**
> **亮点1：工具完整，拿来即用**。萃取的每一步流程都有参考工具及案例，拿来就用。
> **亮点2：输出结果满足"学"与"用"**。萃取优秀员工的工作经验，取之于民用之于民，输出的结果不但有精品课程与经典案例，更有工作手册、流程宝典、辅助工具箱，培训的同时为新员工提供了可用的"随身"工具。
> **亮点3：千锤百炼，经过验证**。五化模型经过多家国内500强企业上千门课程内容萃取的交付验证。

图6-50 对讲授课程的举例3

第六个模块是一些边界禁忌和特殊要求（见图6-51）。这是老师在商务沟通合作或讲课过程中需要格外注意的问题点。

课程边界	禁忌要求	其他注意事项
课程适用范围： 行业范围 企业类型范围 学员范围 最适应人群 风格倾向 规避人群	**饮食：** 例1：我不吃芹菜 例2：我只吃素（素食餐厅或自带饮食） **其他：** 例1：个人信仰原因，烟、酒、屠宰场的客户我不授课 例2：周末不能讲课	**促进：** 例：协助谈单 **注意：** 例：所有课程都是沙盘课，需要提前安排教具 会场必须可以分组

图6-51 第六个模块：边界禁忌

边界禁忌分为三块内容，**第一块是课程边界**，也就是课程的适用范围。前面讲到过，每个老师的课程其实都存在局限，有的是行业的局限，有的是适应人群的局限，有的是个人风格的局限。比如，有的老师是做特定行业研究的，那么他的内容肯定都聚焦在这一个特定行业里，对于其他行业来说他的课程内容肯定就不太合适。有的老师只讲中高层领导力的课，那么他的课程肯定就不适合给基层的员工听。此外，老师的个人风格对客户选择课程也会产生很大影响，有的老师是偏激情的类型，有的老师是偏稳重的类型，那么他们对应的群体就会不一样。

老师需要把这些内容都罗列出来，千万不要有所隐瞒。如果你觉得客户大多喜欢激情一点的老师，就填了激情，结果你完全不是激情型的，客户就会对你产生特别不好的评价，对你后续接课也会产生不良影响。

销售员拿到老师真实的课程边界内容后，在排课的时候可以去和客户做提前的沟通，要不调整客户对老师的预期，要不调配其他老师来上这门课程，这样就能尽可能地安排合适的老师给合适的企业。

第二块是禁忌要求。每个老师的禁忌要求都不太一样，需要详细地列出来。比如，有的老师因为吃素，一般只在两个地方吃饭，一个是在家里，另一个是素食餐厅。所以，这个老师会要求客户提供素食。

建议老师最好把自己的禁忌写上，包括个人的饮食习惯，比如忌辛辣、忌酒精等，让客户提前知道，有所准备。

有些老师会有比较特殊的个人要求，这些内容也可以写上，只要客户能接受就可以。比如，我们有个讲课很厉害的老师，他要求客户在讲课前付全款，而且一定要坐头等舱，住宿也要五星级的，还会带一个助理同去，等等，要求会比较多。

第三块是其他需要注意的内容。老师如果善于沟通，那么可以帮销售员一起谈单，一起跟客户沟通。其实老师沟通的成交率还是很高的，因为客户对销售员的感受和对老师的感受是完全不一样的，在客户眼里，老师就是专家，销售员有时候说的一百句话也比不上老师说的一句话。老师也可以选择做一个半天的沙龙分享，客户想了解老师的话可以先去沙龙现场体验一下。通过类似的活动，老师可以在开拓期充分参与到和客户的沟通中，把市场打开。

此外，还有一些其他要求，比如有些老师会有对教学方面的要求，包括教具的要求、会场的要求等。我们有个老师就对会场有所要求，因为他的课程中会有分组讨论的内容，如果是那种礼堂的座位，就不能做这部分内容了，他的整体授课就会受到影响。一般来说，客户都会满足老师的这类要求。但是，如果客户的会场就是固定座椅，确实达不到老师的要求，这时老师就要及时调整客户预期，告诉客户如果不能分组讨论，那么学员对课程的感受程度、参与程度等都会受到影响。如果客户能接受这种影响，那么老师按原计划讲课就可以了。

最后，让我们稍微进行一下回顾。定位，一定要写得简单，最好能用一句话来说明。比如，"华为实战派战略管理专家"。客户如果想找有关战略的课程，尤其是找跟华为相关的战略课程，那么就会马上注意到这个老师。

背景优势，这部分内容有点像个人简历，前文我们讲到过个人优势挖掘表，其实把个人优势挖掘表填完，这部分的内容基本就有了。

需要注意的是，有些内容因为保密协议不能用作书面宣传，尤其是做法律或税务的老师，这种情况可能会遇到得多一些。如果遇到这种问题，老师就可以直接和销售员进行沟通，告诉销售员自己有这方面的背景经历，但因为保密协议的原因不能写在资料里。销售员将这样的背景经历介绍给客户就可以了。

老师的突出优势大致分为以下几类：有些是背景亮点，有些是教学风格亮点，有些是实战工具亮点，等等。每个老师的情况都不一样，需要按照自己的情况来找优势。比如，有个老师发现自己有三大优势，第一个优势是华为战略变革的亲历者，第二个优势是理论与实践兼具，第三个优势是可以针对客户情况定制课程。

对于老师的授课风格描述，其实有个简单的方法可以使用，就是在剪辑视频的同时对自己的风格进行归纳，并梳理出来放到资料里。比如，我是一个专家型的老师、落地型的老师等。

讲授课程按照老师的课程情况，大致可以分为两个模块。第一个是课程体系，老师要把自己的课程尽量多地罗列出来。第二个是品牌课程，也就是老师讲得最好的、最能体现自身亮点的课程。

老师的边界禁忌一定要提前写出来，不要觉得不好意思，不要怕影响自己的形象。客户很愿意提前了解老师的禁忌，这样沟通起来也会更顺畅一些。只有提前沟通好，才能比较顺利地交付；如果没有提前沟通到位，那么很容易产生教学事故。

老师把这些内容汇总到一起，做成销售手册交给中介机构的销售员，销售员就可以快速了解老师的特色和特点，并把老师推荐给客户。这样，客户也能对老师有一个比较全面的了解。

这些事和销售员做好配合

客户服务商业化优化

老师如果讲过销售课程的话，应该就会知道 FABE 销售法则，即 Feature（特性）、Advantage（优势）、Benefit（利益）、Evidence（证据）。好的客户服务的作用是什么，就是证据——有这么多跟客户类似的企业都请老师讲过课，客户就会想请老师来企业讲课，这就是好的客户服务所起到的最重要的作用（见图 6–52）。

图 6–52　客户服务的作用

客户服务主要包括以下几个方面的内容。第一个，所有我培训咨询过的客户，都可以列出来。第二个，做好分门别类，方便客户查找。比如是商学院类的，还是银行类的，又或者是工业品类的。第三个，把服务过的企业进行排序，注意要把知名企业、复购企业往前放。第四个，标记一些特殊的、重点的内容。比如，老师被某家银行返聘过三期，或者是被某些客户咨询了某些问题，那么把这些内容写好放到这里就可以了（见图 6–53）。

请看下面这个案例（见图 6–54）。这个老师把自己服务过的客户进行了如下几种分类，比如高校总裁班类的北京大学（连续讲了5年），

```
罗列  →  分类  →  排序  →  注意
```

所有培训、咨询过的客户都罗列出来	1. 行业分类 2. 类型分类 3. 咨询培训分类	1. 知名企业前置 2. 返聘多的企业前置	1. 返聘企业重点突出。例：民生银行（返聘3期） 2. 咨询客户：企业+服务项目（和定位主讲课题相关）

图 6-53　客户服务的优化步骤

其他的高校如北京交通大学、中国管理科学研究院、南开大学等。医疗类、医院类、酒店类、餐饮类等，都列举了一些服务过的客户。这样就会方便客户查看。

高校总裁班类：北京大学总裁班(连续5年)、北京交通大学、中国管理科学研究院、北京理工大学、南开大学、天津大学、上海交通大学、大连海事大学

医疗类：美国旧金山S9大肠癌测试生物科技公司(3期)、北京80创成培训咨询教育集团（中国、澳大利亚合资）、华数康大数据科技有限公司、五洲医疗连锁集团（北京、内蒙古分公司）

医院类：山西现代妇产医院、重庆市妇幼保健院、天津妇儿医院、沧州市美好眼科康复医院、北京朝阳区妇幼保健中心、北京中西医结合医院、华府妇儿医院、北京朝阳区管庄医院、北京潘家园社区卫生服务中心

酒店类：河南洛阳好苑建国酒店、香港九龙京港大酒店、安徽合肥和平酒店、凯富国际酒店集团（五星级涉外酒店连锁）、北京馨龙湾国际会展中心（外商独资）、河北廊坊豪景润都国际会展中心

餐饮类：上可味餐饮连锁管理集团、今日煌都餐饮有限公司（五星级涉外餐饮集团）

图 6-54　服务客户举例 1

再看另一个案例（见图 6-55）。有一个老师专门做银行方面的课程，就按不同的银行进行了分类。比如给中国工商银行讲过很多课，包括工行总行、山东分行、安徽分行、河北分行、广东分行等。此外，还给中国农业银行、中国银行等都讲过课。这里列出来的企业越多越好，客户看到这张图之后，就会比较认可老师的实力。因为老师给这么多的银行都讲过课，那么他的讲课水平应该可以，至少不会把课给讲砸了。

中国工商银行：工行总行、山东分行、安徽分行、河北分行、广东分行

中国农业银行：深圳分行、江西分行、陕西分行、山东分行、重庆分行、天津分行、河南分行、吉林分行、河北分行、广东分行、山西分行、内蒙古分行、湖北分行

中国银行：苏州分行、北京分行、天津分行、广东分行、青岛分行、上海分行、辽宁分行

中国建设银行：天津分行、陕西分行、山东分行

交通银行：北京分行、内蒙古分行、江苏分行

中国邮政储蓄银行：安徽分行、新疆分行、河南分行

民生银行：深圳分行、宁波分行、昆明分行、天津分行

招商银行：南京分行、深圳分行

兴业银行：南京分行、广州分行、合肥分行、天津分行、济南分行、石家庄分行、呼和浩特分行

华夏银行：绍兴分行、呼和浩特分行

图 6-55　客户服务举例 2

咨询案例也可以这样列出来（见图 6-56），比如，给哪些企业做了咨询、服务的具体内容是什么、取得了哪些成果等。

序号	客户公司	培训咨询内容	培训成果
1	龙天勇有色金属公司风险排查案例	1. 财务风险问题梳理 2. 公司管理层进行财务风险课程培训	结合企业实际情况及出现的七大类40多个问题，进行风险识别并处理，并通过培训强化员工的财务认知，提升财务共识力，规范了未来程序，降低了企业经营风险，助力稳健安全发展
2	翔鹭钨业财务流程优化案例	财税风险控管模型，解决财税风险问题。全面预算管理模型培训并研讨、优化模型方案	咨询项目顺利交付，公司财务效率提升30%，公司业财共识提升，财务风险降低，税务稽查问题率在控制范围内，获退税60多万元
3	红土建材集团公司家族股权设计案例	为公司管理层讲解培训股权知识及分析公司股权存在的问题，改进并重新设计，拟订方案协议，指导股权变更手续办理等	对外投资股权设计，预防6000万元投资损失的风险，设计公司股权架构并顺利交付实施，理顺了家族关系，优化了股权分红机制，创始人满意，家族成员满意
4	东莞市财税服务行业协会赋能财税课程培训	2022年2月份在东莞市南城区，由东莞市财税服务行业协会组织共计100多家财服公司或事务所，进行财税业务培训	与多家公司达成落地服务，被东莞市财税服务行业协会特聘为财税专门讲师，定期对所有会员单位进行财税培训

图 6-56 先闻道部分咨询案例举例

学员评价商业化优化

简单来说，老师不能王婆卖瓜，自卖自夸，得让学员来夸老师。那么，学员评价要从哪几个维度来呈现才比较吸引人呢？主要有三个方面。第一个，是夸课程内容；第二个，是夸课程呈现；第三个，是夸老师个人。请看下面几个例子（见图6-57），来学习如何选择有效的学员评价。

> ××老师采用工作中的案例并对其分析，结合实际情况指出风险点，启发众人。财务思维让我感觉到自己的差距，只有不断提升自己的认知维度，跳出财务的视角，才能更好地发挥财务军师的作用。
>
> ——××财务总监
>
> ××老师教练式的培训方式极大地激发了学员的学习自驱力，在整个培训项目中体现出了高度的责任感和对学员的真心付出，为我们领导干部的培养不遗余力。
>
> ——××管理学院院长
>
> ××老师圈内口碑好，利他思维正能量足，是财税界少有的接地气财务管理和税务筹划方法论讲师。其课程扬弃高深的理论，用朴实的案例讲明白道理。
>
> ——××税务师事务所法人代表

图 6-57　学员对老师的评价举例

在选择学员评价时，老师需要特别注意几点（见图6-58）。

> ★ 不少于5条
>
> ★ 每条长度尽量两行
>
> ★ 最好有署名
>
> ★ 真实，不要有异议，不要产生纠纷

图 6-58　选择学员评价注意事项

第一点，不少于5条。如果学员评价比较少，那么客户会觉得你讲课不太吸引人，所以学员不愿意给你评价。这样客户对你的信任感就会降低。如果有好几个学员的评价，那么客户就更愿意相信你。

第二点，每条评价的内容不能太少，一般两行左右比较合适。太短的话客户会觉得没了解到什么有用的内容。评价里尽量放一些具体的描述，不管是专业上的还是教学上的都可以，尽量让评价的内容做到丰富翔实。

第三点，最好每条评价后面都有署名。署名可以增加评价的可信度，客户对你的信任感就会增强。

第四点，列出的评价一定要真实，不要放容易产生异议或纠纷的内容。比如，客户正好认识给你评价的这个人，结果这个人说自己根本没有讲过这条评价，那老师不就很尴尬吗？

精彩瞬间商业化优化

都说口说无凭、眼见为实，精彩瞬间的作用就是让客户眼见为实。作为老师，我们一般会遇到这几个困惑（见图 6-59）。

没有照片	★ 照片都在谁那
选什么样的照片	★ 突出场景（论坛、总裁班、人数多、有条幅、有互动）
每张照片的代表意义	★ 每张图片备注公司、讲授课题（与主讲课程吻合）、返聘次数等

图 6-59　老师在整理精彩瞬间时常遇到的困惑

第一个是没有照片可以选择。解决这个问题很简单，老师可以找培训过的企业要照片，或者找当时负责自己的助教、主办方的负责人、台下听课的学员等，他们都有可能拍了老师讲课的精彩瞬间。

第二个是不知道选什么类型的照片合适。老师的照片收集上来后，要进行挑选，不能把所有照片都放上去。这时就要选有突出场景的照片，比如在论坛或总裁班讲课的照片，或者是参与人数多的、有条幅的、能体现互动的照片。这类照片就比较合适，能体现出老师讲课的特色，以及与台下互动的情况。

第三个是不知道怎么定义每张照片。老师要赋予照片一定的意义，如果不赋予意义，那么照片就起不到推广老师的作用。老师可以在照片旁边标注上培训公司的名字，或者该培训讲授的主题，或者被这家公司返聘的次数。这些都可以给照片更多有意义的内容，让照片变得不再普通。

举个例子（见图6-60），下面左上角这个精彩瞬间的图，我们只能看出老师给红旗公司讲过课。至于这个老师的课讲得如何，课堂气氛怎么样，我们都看不出来。所以，后来我们给他增加了一些图，从这些图我们可以很直观地看出来，他的课堂气氛很活跃，做了不少课堂活动。除了增加一些合适的照片外，我们还在照片下面都加上了备注。通过这些备注，我们就能更加清楚地知道这个老师具体讲的是什么类型的课程，都去了哪些公司讲课。这就是老师赋予每张照片的意义。

红旗汽车"智能时代的企业转型升级策略"　　北清智库商学院"企业价值创新与战略转型设计落地训练营"（6期）

保隔科技"教练式领导力"　　携程各门店店长"教练式领导力"　　东莞市财税行业协会"财税最新形势分析与策略"

图6-60　精彩瞬间举例1

第六章 | 销售力——撬动培训市场，成为受欢迎的商业讲师

再看一个案例（见图6-61），如果老师有聘书的话，一定要放上来。申请个人专利的内容、某企业的聘书、已出版的著作等，都可以，并在下面标注具体的内容。

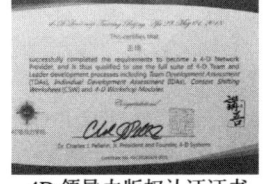

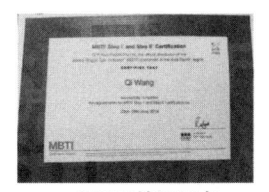

北大博雅EDP中心特聘教授　　4D领导力版权认证证书　　MBTI认证证书

《结构性思维》版权认证讲师　　《MTP中层管理技能提升》
　　　　　　　　　　　　　　　个人版权课证书

图6-61　精彩瞬间举例2

249

后 记

商业讲师的未来发展与前景展望

很多商业讲师都属于半路出家,先是在企业中做了很多年,积累了丰富的专业经验,之后出来当商业讲师,给企业讲课。有一定知名度后,他们中的一些人会遇到自己理想的企业,于是又被高薪挖到企业里工作。这些人在企业工作一段时间后,往往又会重新回到商业讲师的领域。为什么他们还会回来呢?因为商业讲师拥有很多其他工作所没有的价值,而且商业讲师懂得如何让自己的价值最大化,获得更高的成就感。

商业讲师属于高价值、高杠杆的一个行业。

首先,商业讲师有比较多的自主选择权。老师最核心的能力是用自己的优势去服务更多的企业,而商业讲师领域的市场十分广阔,老师基本不会有无课可讲的情况。所以,老师充分发挥自己的主观能动性,便容易获得客户的认可,也可以选择去给哪些企业讲课,有比较高的自由度。

其次,商业讲师可以通过服务企业,帮助更多企业和员工学习到新的知识和内容,从而产生成就感和价值感。企业最宝贵的资源就是人,也就是员工,员工在工作中会遇到各种问题,有时仅靠上司或内训师很难解决这些问题。这时，企业就需要更为专业的商业讲师为员工答疑解惑。商业讲师为员工做好培训，提升员工的工作能力，员工就会带给企业更多的发展动力，帮助企业更快发展。

最后，商业讲师的未来发展前景广阔。目前商业讲师领域正处于高速发展时期，各类培训产品、培训结构层出不穷。这主要得益于我国企业的飞速发展，带动了培训行业的发展。未来，不仅大型国有企业、各行业的头部企业等需要培训，小微企业也需要培训。所以，我国未来一段时间内培训行业的需求是很大的，需要更多的老师加入进来，共同促进商业讲师领域的发展和革新。

现在，有很多CEO在经历了市场的大起大落后，感到身心俱疲，已经对经营产生了厌倦之心，希望能重新出发，开启一段不一样的人生之旅。商业讲师就是这些CEO的最佳选择之一。在培训行业里，CEO就不用再担心自己之前的经验无用武之地了。与之相反，CEO不仅可以把自己在本行业内积攒下来的经验和心得体会传播得更广，让更多的人因此受益，而且还可以借此机会打造个人IP，把自己打造成本行业的大咖。

可能有一些CEO会有这样的担心，虽然自己做好了准备，但市场并没有那么大，自己贸然进入，反而会输得一败涂地，其实，CEO完全没必要有这方面的担忧。

目前，国内已经有大量帮助老师把培训变成产品的培训公司，并帮助老师和目标企业进行互动，搭起两者之间沟通的桥梁。这也在一定程度上促进了商业讲师的发展，帮助商业讲师把自己的价值发挥到极致。而且，商业讲师的发展方向和国家的主流发展方向也是一致的。在不久的将来，随着中国经济实力的不断提高，会有越来越多的外国企业想要学习中国企业的管理模式，需要有人把中国现在的商业模式和商业文化带出去。这里最合适的人选之一自然是商业讲师，他们在帮助企业的过程中，不断提高自己的专业技术能力，同时积极吸收各行业的观点和理论，把二者进行有机融合，变成可以复制的普遍经验，进行大范围的推广和普及。

未来，商业讲师将成为促进企业进步、推动社会发展的有力支持，为中国企业的腾飞贡献出自己的一分力量。